Jeder Grundeigentümer
ist seines Nachbarn Nachbar.
Diese Tatsache zwingt
zu gegenseitiger
Rücksichtnahme.

RECHTSANWALT
DR. REINHOLD KAUB

Garten-recht

- Praktische Hilfe für Ihre Rechtsprobleme
- Neueste Rechtsprechung
- Gesetzeslage aller Bundesländer

blv

Inhalt

Vorwort

Dieses Buch ist kein juristisches Lehrbuch und kein Kommentar. Aber erste Hilfe für alle Gartenfreunde, die angesichts ihrer Begeisterung für die Gestaltung eines naturnahen Gartens nicht an die Nachbarn und an die Rechtslage denken. Der Inhalt orientiert sich an den Fragen, die in der täglichen Praxis von Naturfreunden gestellt werden und auf die nur mit Mühe eine Antwort zu finden ist, da die gesetzlichen Bestimmungen weit verstreut sind. Zur besseren Übersicht wurde der Inhalt nach alphabetischen Stichwörtern gegliedert.

Manche Zweifel können nur die Gerichte klären. Es wird daher die jüngste Rechtsprechung mit einbezogen. Dabei ist zu erkennen, dass unsere Gerichte zunehmend Verständnis für den Naturfreund und seine Bemühungen zeigen, Gartenparadiese zu schaffen. Das ist umso erfreulicher, als in den Hausgärten ein noch nicht annähernd ausgeschöpftes ökologisches Potenzial ruht. Die Zahl der Hausgärten wird in der Bundesrepublik auf etwa 13 Millionen geschätzt. Alle Gärten zusammen ergeben die Fläche von Schleswig-Holstein. Damit haben die Besitzer von Gärten die Chance, entscheidend zur Verbesserung des Stadt- und Kleinklimas sowie zur Erhaltung und Pflege von einheimischen Tieren und Pflanzen beizutragen. Ob damit der weltweiten Umweltzerstörung widerstanden werden kann, weiß niemand. Aber dass jeder in seinem eigenen Einflussbereich es versuchen muss, ist sicher.

Ziel dieses Buches ist es, die Nachbarn über die Rechtslage zu informieren, damit Streitigkeiten möglichst vermieden werden. Jeder weiß, dass man über »liebe Nachbarn« sehr schnell zu dauerhaften Feinden kommen kann. Nicht immer ist es mangelnder Wille, häufig ist es nur Unkenntnis. Diese Unkenntnis abzubauen, ist Aufgabe dieses Buches. Der juristische Laie wird dabei vermutlich etwas verwundert zur Kenntnis nehmen, dass zum gleichen Problem widersprüchliche Gerichtsurteile ergehen. Die Erklärung ist sehr einfach. Deutsche Gerichte sind nur in Ausnahmefällen an die Rechtsauffassung anderer Gerichte gebunden.

In der täglichen Praxis überwiegt die Frage nach dem zulässigen Grenzabstand von Sträuchern und Bäumen. Meist wird diese Frage erst dann diskutiert, wenn der Nachbar die Beseitigung eines Baumes verlangt. Gescheiter ist es natürlich, sich diesen Fragen bereits vor dem Anpflanzen von Bäumen und Sträuchern zu stellen. Der Gartenfreund hat es schwer, die Rechtsquellen zu ermitteln, weil sie bisher in keiner handlichen Ausgabe zusammengestellt sind. Das geschieht jetzt in diesem Buch. Die Bundesländer haben darüber eigene Gesetze gemacht. Nur in den Stadtstaaten Hamburg und Bremen fehlen gesetzliche Regelungen. In der Zwischenzeit haben die neuen Bundesländer Brandenburg, Sachsen und Sachsen-Anhalt ebenfalls Nachbarrechtsgesetze erlassen und damit die in diesem Buch angesprochenen Probleme den alten Bundesländern vergleichbar behandelt. In Mecklenburg-Vorpommern gibt es zwar einen entsprechenden Gesetzentwurf, es ist aber zur Zeit nicht absehbar, wann er verabschiedet werden wird.
In allen österreichischen Bundesländern gibt es keine vergleichbaren gesetzlichen Regelungen.
In der Schweiz sind die Vorschriften des Zivilgesetzbuches vom 10.12.1907 (i.d. Fassung vom 1.7.2004) einschlägig. Art. 688 überträgt den Kantonen die Befugnis, Fragen des Grenzabstandes von Bäumen und Sträuchern oder des Eindringens von Wurzeln, u.dgl. zu regeln. Die Baubehörden der Kantone können über die örtliche Rechtslage informieren.

Wer die Gesetze miteinander vergleicht, kommt aus dem Staunen über die Vielfalt der Lösungen nicht heraus. Er versteht dann, warum in der Bevölkerung die Unkenntnis über die Rechtslage so groß ist. Und er begreift auch, warum sich an diesem Problem soviel Streit unter Nachbarn entzündet. Es fällt auf, dass in den letzten Jahren nur mehr wenige Urteile zum Nachbarrecht/Gartenrecht in den juristischen Fachzeitschriften veröffentlicht wurden. Es handelt sich also bei dieser Thematik nicht mehr um juristisches Neuland. Man kann sogar von einer »gefestigten Rechtsprechung« reden.
Es wäre aber leichtfertig, daraus auf einen passablen Rechtsfrieden zu schließen. In der Neuen Juristischen Wochenschrift (2006, S. 666) bemerkt dazu ein Kommentator: »...Schließlich ist es ein betrüblicher Umstand, dass

jährlich fast eine halbe Million Nachbarrechtsstreitigkeiten die deutsche Justiz beschäftigen...«
Nach amerikanischem Vorbild (»mediation«) versucht der Bund, die Gerichte zu entlasten. Mit Wirkung vom 1. 1. 2000 wurde den Ländern durch das Gesetz zur Förderung der außergerichtlichen Streitbeilegung die Möglichkeit gegeben, für Nachbarrechtsstreitigkeiten zunächst ein Schiedsverfahren vorzuschreiben. Bei Einreichung der Klage muss nachgewiesen werden, dass die Schlichtung zwar versucht, aber erfolglos war. Erst mit diesem Nachweis ist die Klage zulässig. Der Weg zum Amtgericht ist dann frei. Einzelheiten sind in den Schlichtungsgesetzen der Länder geregelt.
Über die Zahl der erfolgreichen Schiedsverfahren gibt es keine zentrale Statistik. Es sind daher auch keine Rückschlüsse möglich, ob die Zahl der Nachbarrechtsstreitigkeiten insgesamt zurückgegangen ist. Zum Optimismus besteht aber kein Anlass.
Wer die Bäume liebt, schätzt noch lange nicht das Laub aus Nachbars Garten in seiner Dachrinne oder auf seiner Terrasse. Der Bewohner eines städtischen Mietshauses wird über ein solches Problem verständnislos die Achseln zucken. In den Vorstadtgärten kommt es darüber zu erbitterten Streitigkeiten. Diese Bürger wollen nicht glauben, dass es keine gesetzliche Regelung gibt, und rufen nach dem Kadi. In diesem Buch wird ausführlich die vorliegende Rechtsprechung zitiert, in der Hoffnung, dass Prozesse vermieden werden können. Wenn dieses Buch dazu beiträgt, Streitigkeiten unter Nachbarn zu vermeiden, hat es sein Ziel erreicht. Wenn es darüber hinaus dem Gartenfreund helfen sollte, ihn in der Liebe zu seinem Garten zu bestärken, wäre das ein zusätzlicher Gewinn für alle Beteiligten. Der Gartenfreund kann sich dabei auf den Schutz des Staates berufen. Der Bundesgesetzgeber hat mit Gesetz vom 27. 10. 1994 Art. 20 a in das Grundgesetz eingefügt:
»Der Staat schützt auch in Verantwortung für die künftigen Generationen die natürlichen Lebensgrundlagen und die Tiere im Rahmen der verfassungsmäßigen Ordnung durch die Gesetzgebung und nach Maßgabe von Gesetz und Recht durch die vollziehende Gewalt und die Rechtsprechung.«

Dr. Reinhold Kaub
April 2008

Äste, herabfallende, und Bäume, umstürzende

Jeder Grundstückseigentümer ist verpflichtet, alle notwendigen und möglichen Maßnahmen zu treffen, damit Dritte vor Schaden bewahrt werden. Es trifft ihn die so genannte Verkehrssicherungspflicht. Das Ausmaß dieser Verkehrssicherungspflicht ist aber von Fall zu Fall zu ermitteln. Nur wenn die Verkehrssicherungspflicht **schuldhaft** verletzt wird, kommt eine Haftung in Frage. Das bedeutet, dass in jedem Einzelfall sorgfältig geprüft werden muss, ob die Verkehrssicherungspflicht tatsächlich verletzt wurde. Ob also voraussehbar war, dass der Baum umstürzen oder ein Ast abbrechen würde. Und ob rechtzeitig Abhilfemaßnahmen möglich gewesen wären. Für die Beurteilung dieser Frage haben die Gerichte Hinweise gegeben.

Die meisten der veröffentlichten Urteile befassen sich mit der Haftung der Behörden für Straßenbäume. Diese Rechtsprechung kann nicht einfach auf den Gartenbesitzer übertragen werden, denn bei Straßenbäumen werden ziemlich hohe Anforderungen an die Verkehrssicherungspflicht gestellt. Das hängt damit zusammen, dass die öffentliche Verwaltung (Gemeinden, Straßenbauämter) über Fachkräfte verfügt, die mit der Sicherung von Straßenbäumen betraut und vertraut sind. An den Gartenbesitzer wird nicht der gleiche Maßstab angelegt.

Das ***Oberlandesgericht Köln*** sprach dies sehr deutlich im Urteil vom 11. 12. 1961 (Monatsschrift für Deutsches Recht 1962, S. 478) aus:

§

»Welche Maßnahmen der Besitzer von Bäumen zu treffen hat, richtet sich nach dem Maß dessen, was man im menschlichen Verkehr billigerweise an gegenseitiger Rücksichtnahme verlangen kann. Unangemessen hohe Anforderungen dürfen an diese Sorgfaltspflicht nicht gestellt werden.«

Ähnlich sah es das ***Landgericht Heidelberg*** im Jahre 1979 (Urteil vom 26. 6. 1979, Versicherungsrecht 1980, S. 394). Ein Unwetter hatte eine Akazie 4 Meter über dem Boden abgerissen. Der - wie sich erst jetzt herausstellte - innen faule Baum fiel über die Straße und beschädigte in dem gegenüberliegenden Anwesen Zaun und Balkon. Das Landgericht hat einen Anspruch auf Ersatz des eingetretenen Schadens verneint. Eine Verkehrssicherung, die von vornherein jedes Schadensereignis ausschließe, sei nicht machbar. Die innere Fäulnis des Baumes sei von außen nicht erkennbar gewesen. Der Baum habe vielmehr nach seinem äußeren Gesamtbild einen gesunden Eindruck gemacht. Es habe daher auch kein Anlass bestanden, vorsorglich von Zeit zu Zeit durch Bohrungen oder ähnliche Maßnahmen Aufschluss über den Gesundheitszustand der Bäume zu erlangen. Das Landgericht meinte zum Schluss:

§

»Dieses Ergebnis mag letztlich unbillig sein. Die Kammer ist jedoch bei der Entscheidung an das geltende Recht gebunden.«

Anders kann die Rechtslage dann sein, wenn äußere Umstände generell auf die Brüchigkeit der Äste schließen lassen. So sah es jedenfalls das ***Landgericht Frankfurt*** (Urteil vom 12. 11. 1986, Zeitschrift für Verkehrsrecht 8/87). Der Nussbaum ließ einen Ast genau auf den frisch lackierten Porsche des Nachbarn fallen. Das Gericht meinte, dass der Grundstückseigentümer eine besondere Sorgfaltspflicht gehabt habe, da in den Wochen vor dem Unfall mehrfach Äste abgebrochen seien. Er hätte daher den Baum regelmäßig überwachen müssen.
In einem vergleichbaren Fall stellte das ***Oberlandesgericht Schleswig*** ähnliche Anforderungen an die Verkehrssicherungspflicht. Im Jahr vor dem Unfall waren zwei andere Äste am fraglichen Baum abgebrochen. Das Oberlandesgericht bejahte einen Schadensersatzanspruch, weil der Beklagte es schuldhaft unterlassen habe, aus diesem Astbruch die notwendigen Konsequenzen zu ziehen (Urteil vom 9. 11. 1994, Monatsschrift für Deutsches Recht 1995, S. 148).

Dagegen kommt bei Sturm für die im Nachbargrundstück angerichteten Schäden nur sehr selten eine Haftung in Frage. Der ***Bundesgerichtshof*** hat 1993 darauf eindringlich hingewiesen. »Wiebke« hatte in Herrsching am Ammersee eine große Fichte auf die Garage des Nachbarn geworfen. Der Bundesgerichtshof hat die Schadensersatzklage abgewiesen. Solche ungewöhnlichen Naturkatastrophen seien zwar denkbar, aber nicht zu erwarten. Das bloße Anpflanzen und Aufziehen von widerstandsfähigen Bäumen begründe allein noch keine Gefahrenlage. Der Grundstückseigentümer könne erst dann zur Verantwortung gezogen werden, wenn die von ihm unterhaltenen Bäume infolge erkennbarer Krankheit oder Überalterung ihre Widerstandskraft eingebüßt hätten (Urteil vom 23. 4. 1993, Neue Juristische Wochenschrift 1993, S. 1855).

In einem Fachaufsatz wird die Rechtslage folgendermaßen zusammengefasst:

§

»Vom Verkehrssicherheitspflichtigen können nur die Maßnahmen gefordert werden, die zur Gefahrenbeseitigung nach objektiven Maßstäben geeignet, erforderlich und zumutbar sind. Somit kann nicht schon die Abwehr einer abstrakten Gefahr verlangt werden, sondern nur Vorsorge gegen eine konkrete Gefahr. Diese liegt vor, wenn ein Schadenseintritt mit hinreichender Wahrscheinlichkeit zu erwarten ist.«
(Hötzel: »Baumkontrolle zur Erfüllung der Verkehrssicherungspflicht«, Neue Juristische Wochenschrift 1997, S. 1757).

In einem Urteil vom 21. 3. 2003 hat der Bundesgerichtshof seine Auffassung zur Haftung bei Windbruch (es handelte sich um betagte Pappeln) präzisiert (Neue Juristische Wochenschrift 2003, S. 1732 ff.):

§

»... Derjenige, der die Verfügungsgewalt über ein Grundstück ausübt, hat im Rahmen des Möglichen dafür zu sorgen, dass von den dort stehenden

§

Bäumen keine Gefahr für andere ausgeht, der Baumbestand vielmehr so angelegt ist, dass er im Rahmen des nach forstwissenschaftlichen Erkenntnissen Möglichen gegen Windbruch und Windwurf, insbesondere aber auch gegen Umstürzen auf Grund fehlender Standfestigkeit gesichert ist…«

Ästhetische Belästigungen

Ein allgemein gültiger Maßstab für Schönheit und Ästhetik existiert nicht. Die Römer wussten schon, dass sich über Fragen des Geschmacks nicht streiten lässt. Diese Erkenntnis wirkt sich auch im Nachbarrecht aus. Dabei geht es häufig gar nicht um diffizile Geschmacksfragen (siehe das Kapitel »Gartenzwerge«, S. 46 ff.), sondern um ganz eindeutige und handfeste Belästigungen für jedermanns Augen. Es ist erstaunlich, wie unempfindlich und rücksichtslos mancher Grundeigentümer gegenüber seinen Nachbarn ist, welchen dauerhaften Anblick er ihnen zumutet. Zum Beispiel, wenn er seinen Garten als Abfallplatz für rostigen Schrott missbraucht.

Die Rechtsprechung hat es bisher abgelehnt, in solchen Fällen Abwehransprüche nach den §§ 1004 und 906 BGB zuzubilligen. Ein tatsächlicher oder vermeintlicher scheußlicher Anblick muss von den Nachbarn ertragen werden. Auch dann, wenn dieser unästhetische Anblick dauerhaft dargeboten und dadurch der Wert des eigenen Grundstücks vermindert wird. Das ist ständige Rechtsprechung des Bundesgerichtshofs (siehe Urteil vom 7. 3. 1969, Juristenzeitung 1969, S. 431; Urteil vom 15. 5. 1970, Neue Juristische Wochenschrift 1970, S. 1541; Urteil vom 15. 11. 1974, Neue Juristische Wochenschrift 1975, S. 170, und Urteil vom 12. 7. 1985, Neue Juristische Wochenschrift 1985, S. 2823).

Aus dem Urteil des ***Bundesgerichtshofs*** vom 15. 5. 1970 sei folgende entscheidende Passage zitiert:

§

»Der Senat hat bereits in seinem Urteil vom 7. 3. 1969 ... entschieden, dass der lediglich das ästhetische Empfinden des Nachbarn verletzende Anblick eines Lagerplatzes für Baumaterialien und Baugeräte in einer Wohngegend nicht als »ähnliche von einem anderen Grundstück ausgehende

§

Einwirkung« i. S. des § 906 BGB anzusehen ist. Der Senat hat sich damit in der Frage, ob Vorgänge oder Zustände auf einem Grundstück, die – vom Nachbargrundstück aus optisch wahrnehmbar – gegen das ästhetische Empfinden des Nachbarn verstoßen, schon aus diesem Grund auch mit Unterlassungs- und Beseitigungsansprüchen nach § 1004 BGB unterbunden werden können, an § 906 BGB orientiert und die Frage verneint.«

Diese Auffassung des Bundesgerichtshofes findet in der Fachliteratur keineswegs einhellige Zustimmung. Bei Abschätzung der Erfolgsaussichten einer eventuellen Klage muss aber von ihr ausgegangen werden. Ob Schrottplatz, Wäscheleinen, Bordell oder Gartenzwerg: aus dem Nachbarrecht des Zivilrechts gibt es dagegen keine Abwehransprüche.

Baumschutzverordnung

Das Bundesnaturschutzgesetz bietet die Möglichkeit, in bestimmten Gebieten den gesamten Bestand an Bäumen, Hecken oder anderen Landschaftsbestandteilen unter Schutz zu stellen. Die Länder haben in ihren Naturschutz- bzw. Landschaftspflegegesetzen diese Möglichkeit aufgegriffen und die Gemeinden oder Kreisverwaltungsbehörden zum Erlass von solchen Baumschutzverordnungen ermächtigt. Das Bundesnaturschutzgesetz betritt damit kein Neuland. Schon das preußische »Gesetzbuch zum Schutz des Baumbestandes und zur Erhaltung und Freigabe von Uferwegen im Interesse der Volksgesundheit« von 1922 bot die Möglichkeit, vor allem in Kurorten, Großstädten und Industriegebieten Bäume unter Schutz zu stellen. Und die allererste Baumschutzverordnung gab es sogar schon 1677 in Breslau.

Trotz dieser Tradition befinden sich die Gemeinden, die bisher eine Baumschutzverordnung erlassen haben, in der Minderheit. Allen Appellen der Länderregierungen, der Naturschützer und der Bürger zum Trotz wehrt sich die Mehrzahl der Gemeinden, die erforderlichen Schutzbestimmungen zu erlassen. Die damit verbundene Arbeit kann nicht der Grund für diese Verweigerung sein, denn es gibt Mustersatzungen. Offensichtlich ist die Angst vor dem Unwillen der Grundstücksbesitzer zu groß. Nicht alle Bürger wollen akzeptieren, dass die ihnen gehörenden Bäume unter einen generellen Schutz gestellt werden. Sie wollen keine Einschränkung ihrer Eigentums- und Freiheitsrechte.

Die Gemeinden können die Baumschutzverordnung (z. T. auch Baumschutzsatzung genannt) auf Teile des Gemeindegebiets beschränken. Die Stadtstaaten Hamburg, Berlin und Bremen haben jeweils für das gesamte Gebiet der Stadtstaaten Baumschutzverordnungen erlassen.

Für die anderen Bundesländer muss betont werden, dass die Gemeinden oder Kreisverwaltungsbehörden nach eigenem Ermessen die Schutzmaßnahmen festsetzen können. In allen Bundesländern existieren zwar Muster für solche Verordnungen; die Gemeinden müssen sich aber nicht daran halten. Es ist daher auch nicht möglich, diese Schutzverordnungen generell zu erläutern.

Aus den schon vorhandenen Verordnungen und aus den Mustern lassen sich folgende Tendenzen erkennen:

- Meist werden nur die Bäume und nicht auch die Hecken unter Schutz gestellt.
- Meist gilt der Schutz für Laub- wie für Nadelbäume, aber nicht für Obstbäume und nicht für Bäume in Baumschulen.
- Der Schutz ist immer von einem gewissen Stammumfang abhängig: meist ab 80 cm Umfang in einer Höhe von 1 m.
- In aller Regel werden auch die Bäume in öffentlichen Grünanlagen unter Schutz gestellt.
- Alle Verordnungen verbieten die Beseitigung oder Beschädigung der geschützten Bäume.
- Alle Verordnungen sehen in der Verletzung der Schutzbestimmungen eine Ordnungswidrigkeit und drohen dafür hohe Geldbußen bis zu € 25 000,- oder gar € 50 000,- an.
- Alle Verordnungen sehen die Möglichkeit der Ausnahmegenehmigung vor (aus Gründen des allgemeinen Wohls; zur Vermeidung von Härten; zur Beseitigung kranker Bäume).
- Alle Verordnungen sehen vor, dass bei einem Verstoß gegen die Schutzbestimmungen oder bei Erteilung einer Ausnahmegenehmigung eine Ersatzpflanzung auf Kosten des Grundbesitzers angeordnet werden kann.

Die bisher mit den Baumschutzverordnungen gemachten Erfahrungen sind nicht schlecht. Die Sorge der Naturschützer, vor der drohenden Verabschiedung einer Verordnung würde noch schnell ein Großteil der Grundbesitzer zum Kahlschlag ausholen, hat sich nicht bestätigt. In den städtischen Bereichen sind die Bürger durch das Wissen um den generellen Schutz der Bäume sehr sensibilisiert worden. Wachsamen Bürgern ist es zu verdanken, dass manche Ausnahmegenehmigung wieder zurückgezogen werden musste. Aber auch hier ist niemand vor Übertreibungen sicher. Nicht alle Bürger wollen begreifen, dass selbst in der Zeit des galoppierenden Waldsterbens der Griff zur Axt notwendig sein kann. Es besteht sogar die Gefahr, dass die notwendige Selektion zur Verjüngung des Bestandes nicht mehr rechtzeitig erfolgt. Das wäre dann eine schlecht angewandte Liebe zum Baum.

Alle diese Schwierigkeiten sind unbedeutend gegenüber dem Widerstand der Bürger gegen den Erlass von Baumschutzverordnungen. Die gegen ihren Willen von einer Baumschutzverordnung betroffenen Grundstückseigentümer behaupten regelmäßig, die festgelegten Einschränkungen stellten eine entschädigungspflichtige Enteignung dar.

Dieser Frage ist das ***Oberlandesgericht Hamm*** in einem Beschluss vom 5. 8. 1980 nachgegangen. Ein Grundstückseigentümer hatte trotz bestehender Baumschutzverordnung zwei Platanen (Umfang 300 cm), eine Linde (Umfang 200 cm) und eine Kastanie (Umfang 200 cm) gefällt, weil sie einem Bauvorhaben im Wege standen. Er wurde zu einer Geldbuße von DM 12 000,- verurteilt.

Das Oberlandesgericht hat die Rechtmäßigkeit der verhängten Geldbuße bestätigt und dabei festgestellt, dass eine Baumschutzverordnung durchaus mit der Eigentumsgarantie des Grundgesetzes vereinbar ist. Die Verordnung aktualisiere nur die jedem einzelnen Bürger aufgegebene Schonung der schutzwürdigen Natur und halte sich demnach in den Grenzen der Sozialbindung des Eigentums (Neue Juristische Wochenschrift 1980, S. 2822).

In einem anderen Rechtsstreit - dem Kläger war die Erlaubnis zum Entfernen von drei Pappeln verweigert worden - stellte sich der ***Verwaltungsgerichtshof Mannheim*** auf den gleichen Standpunkt. (Natur und Recht 1984, S. 308). Im Beschluss vom 28. 6. 1984 erklärte der VGH, die Beschränkungen über das Entfernen und Zerstören von Bäumen seien mit der Eigentumsgarantie des Grundgesetzes vereinbar. Er betonte, dass diese

Verfügungsbeschränkung dem Wohl der Allgemeinheit diene, denn Bäumen komme für das Stadtklima und die Reinhaltung der Luft eine herausragende Bedeutung zu.
Auch das ***Oberverwaltungsgericht Lüneburg*** (Natur und Recht 1985, S. 242) betonte im Beschluss vom 17. 10. 1984 und das ***Oberverwaltungsgericht Bremen*** (Natur und Recht 1985, S. 193) im Urteil vom 26. 3. 1985 die Vereinbarkeit einer Baumschutzverordnung mit dem Grundgesetz.
Standen damit die Gerichte auf der Seite des Naturschutzes, legten sie sich quer, wenn die Schutzverordnungen schlampig gemacht wurden. Der ***Bayerische Verwaltungsgerichtshof*** (Natur und Landschaft 1985 S. 313) musste mit Urteil vom 17. 1. 1985 die Schutzverordnung einer bayerischen Gemeinde für nichtig erklären, weil sie das Gebot der Rechtssicherheit verletzte. Der Verwaltungsgerichtshof betonte, dass die Verordnung ihren räumlichen Geltungsbereich ebenso wie den sachlichen Schutzumfang so deutlich bezeichnen muss,

§

»dass die hiermit verbundene Beschränkung von Freiheit und Eigentum einwandfrei erkennbar ist und jedermann aufgrund der Baumschutzverordnung selbst ihren Geltungsbereich kennt und sein Verhalten nach ihren Verboten einrichten kann.«

In dem strittigen Fall war ein Kartenblatt im Maßstab 1: 25 000 zum Gegenstand der Verordnung gemacht worden. Die Grundstücksgrenzen waren vielfach nicht zu erkennen. Die in der Karte zur Grenzziehung benutzte Strichätzung von 1 mm Breite deckte in der Natur einen Geländestreifen von etwa 25 Metern ab. Das hielt der Verwaltungsgerichtshof im Interesse der Rechtssicherheit nicht für ausreichend. Dagegen ist es nicht notwendig, dass die Gemeinde die Unterschutzstellung der Bäume in der Verordnung detailliert begründet. Es reicht vielmehr, wenn als Ziel der Schutzverordnung die Bestanderhaltung der Bäume angegeben wird. So entschied das ***Bundesverwaltungsgericht*** am 29. 12. 1988 (Neue Juristische Wochenschrift 1989, S. 1820).

Die Schutzmaßnahmen einer Baumschutzverordnung haben auch Auswirkungen auf das Nachbarrecht. So kann der Nachbar seinen Anspruch auf Beseitigung von eingedrungenen Wurzeln (siehe »Eindringen von Wurzeln«, Seite 30) nicht verwirklichen, wenn der Baum unter Schutz steht. Selbst die Vollstreckung eines Urteils wäre jedoch ohne Ausnahmegenehmigung überhaupt nicht zulässig. Es gilt vielmehr der Grundsatz, dass der Baumschutz nicht an der Grundstücksgrenze endet. Auch der Nachbar muss evtl. Beeinträchtigungen akzeptieren, die aus dem Verbot resultieren, Äste und Wurzeln zu entfernen (***Oberlandesgericht Düsseldorf*** im Urteil vom 20. 4. 1988, Neue Juristische Wochenschrift 1989, S. 1807).

Leitsätze weiterer Gerichtsentscheidungen:

§

»Die Vorschriften einer Baumschutzverordnung dienen ausschließlich öffentlichen Interessen, begründen daher keine subjektiven Rechte von Personen, die an der Erhaltung bestimmter Bäume vor ihrer Wohnung interessiert sind.«
(*Verwaltungsgerichtshof Mannheim*, Urteil vom 7.2.1991, Natur und Recht 1992, S. 82)

»§ 45 Landschaftsschutzgesetz Nordrhein-Westfalen ermächtigt die Gemeinden auch dazu, Vorschriften über Ersatzpflanzungen und Ausgleichszahlungen zu erlassen, die mittelbar dem Schutz des Baumbestandes dienen.«
(*Oberverwaltungsgericht Münster*, Urteil vom 16.7.1991, Natur und Recht 1992, S. 93)

»Ein Nachbar hat keinen Rechtsanspruch auf Erhaltung des Baumbestandes auf einem an sein Grundstück angrenzendes, nach den §§ 30 bzw. 34 BauGB bebaubaren Grundstück.«
(*Verwaltungsgerichtshof Mannheim*, Beschluss vom 19.8.1991, Natur und Recht 1992, S. 83)

§

»Die Umschreibung des räumlichen Geltungsbereichs einer Baumschutzsatzung mit »innerhalb der im Zusammenhang bebauten Ortsteile und des Geltungsbereichs der Bebauungspläne« ist rechtswirksam und verstößt insbesondere nicht gegen das Gebot hinreichender Bestimmtheit.«
(*Oberverwaltungsgericht Münster*, Urteil vom 18.12.1992, Natur und Recht 1993, S. 342)

»Eine Baumschutzsatzung, die als räumlichen Geltungsbereich die Gebiete bezeichnet, für die Bebauungspläne bestehen, sowie im Zusammenhang bebaute Ortsteile, ist unwirksam und kann deshalb nicht Grundlage einer Bußgeldfestsetzung sein.«
(Beschluss des *Oberlandesgerichts Hamm* vom 25.2.1993, Natur und Recht 1993, S. 350)

»Der räumliche Geltungsbereich einer gemeindlichen Baumschutzsatzung kann zulässigerweise mit den Worten »innerhalb der im Zusammenhang bebauten Ortsteile und des Geltungsbereichs von Bebauungsplänen« umschrieben werden. Flächendeckender genereller Baumschutz ist mit Art. 14 GG vereinbar, da die die jeweiligen Eigentümer betreffenden Belastungen bei der Entscheidung über Ausnahmen und Befreiungen von den Verboten der Baumschutzsatzung individuell berücksichtigt werden können. Bei der Entscheidung über eine Ausnahmegenehmigung von dem Verbot der Baumfällung, wenn von dem geschützten Baum Gefahren ausgehen, die auf andere Weise nicht mit zumutbarem Aufwand beseitigt werden können, sind an die hinreichende Wahrscheinlichkeit des Schadenseintritts nur geringe Anforderungen zu stellen. Es reicht aus, wenn der Antragsteller einen Tatbestand darlegt, der nach der allgemeinen Lebenserfahrung auf den künftigen Eintritt eines Schadens hinweist, wobei der Antragsteller nur solche Gefahren aufzuzeigen hat, die in seine Sphäre bzw. seinen Erkenntnisbereich fallen.«
(*Oberverwaltungsgericht Münster*, Urteil vom 8.10.1993, Natur und Recht 1994, S. 253)

§

»Eine Baumschutzsatzung verstößt gegen den Grundsatz der Bestimmtheit, wenn sie ihren Geltungsbereich auf die »bebauten Gebiete« der Gemeinde erstreckt.«
(*Verwaltungsgerichtshof Kassel*, Beschluss vom 28. 5. 1993, Natur und Recht 1994, S. 247)

»Der räumliche Geltungsbereich einer Baumschutzsatzung wird mit der Formulierung »innerhalb der im Zusammenhang bebauten Ortsteile und des Geltungsbereichs der Bebauungspläne« hinreichend bestimmt umschrieben.«
(*Bundesverwaltungsgericht*, Urteil vom 16. 6. 1994, Natur und Recht 1995, S. 27)

»Die Abgrenzung des Siedlungsbereichs, innerhalb dessen Bäume unter Schutz gestellt werden, bedarf insbesondere im Hinblick auf die Gebiete, »deren Bebauung in absehbarer Zeit zu erwarten ist, oder in den Randzonen von Wohn-, Gewerbe- oder Verkehrsbereichen« (§ 25 I Nr. 1 BadWürtt NatSchG) einer hinreichend bestimmten Festlegung durch den Satzungsgeber.«
(*Verwaltungsgerichtshof Mannheim*, Urteil vom 28. 7. 1994, Neue Zeitschrift für Verwaltungsrecht 1995, S. 402)

»Der Geltungsbereich einer örtlichen Baumschutzsatzung wird durch die in entsprechenden Satzungen übliche Formulierung »Diese Satzung regelt den Schutz des Baumbestandes innerhalb der im Zusammenhang bebauten Ortsteile und des Geltungsbereichs der Bebauungspläne« hinreichend bestimmt.«
(*Oberlandesgericht Düsseldorf*, Beschluss vom 21. 6. 1995, Neue Zeitschrift für Verwaltungsrecht 1996, S. 18)

»Eine das Bußgeldblankett des § 70 I Nr. 17 NRWLandschaftsG ausfüllende Gemeindesatzung zum Schutze des Baumbestandes ist hin-

§

reichend bestimmt, wenn der räumliche Geltungsbereich auf der Grundlage des § 45 NRWLandschaftsG »innerhalb der im Zusammenhang bebauten Ortsteile und des Geltungsbereichs der Bebauungspläne« festgelegt ist.«
(*Bundesgerichtshof*, Beschluss vom 15. 3. 1996, Neue Juristische Wochenschrift 1996, S. 1482)

»Der Antrag, eine Ausnahme von dem grundsätzlichen Verbot zur Beseitigung von Bäumen zuzulassen, kann auch von einem Grundstücksnachbarn gestellt werden.«
(*Oberverwaltungsgericht Lüneburg*, Urteil vom 11. 4. 1996, Neue Juristische Wochenschrift 1996, S. 3225).

Bestandteile des Grundstücks

Bäume und Sträucher werden mit dem Einpflanzen »wesentliche Bestandteile« des Grundstücks und können nach §§ 93, 94 BGB nicht Gegenstand besonderer Rechte sein. Ein eventueller Eigentumsvorbehalt geht daher mit dem Einpflanzen des Baumes unter. Der Verkäufer eines Grundstücks kann von dem Erwerber auch nicht die Herausgabe des von ihm gepflanzten Hausbaumes oder anderer Pflanzen verlangen. Dem Eigentümer des Gartens gehören vielmehr alle mit dem Grund und Boden verbundenen Pflanzen. Daran muss sich auch der Mieter oder Pächter halten, der während der Miet- oder Pachtzeit den Garten mit vielerlei Pflanzen bereichert hat. Gegen den Willen des Grundeigentümers darf er die Pflanzen nicht ausgraben und mitnehmen. Denn § 94 BGB bestimmt präzise:

§

»Samen wird mit dem Aussäen, eine Pflanze wird mit dem Einpflanzen wesentlicher Bestandteil des Grundstücks.«

Wenn dieser Satz uneingeschränkt gelten würde, dann müsste jeder Mieter den Hauseigentümer fragen, ob er die von ihm selbst gepflanzten Radieschen ernten darf oder abliefern muss. Das kann nicht die ganze Wahrheit sein. Ist es auch nicht. § 95 bringt die notwendige Klarstellung:

§

»Zu den Bestandteilen eines Grundstücks gehören solche Sachen nicht, die nur zu einem vorübergehenden Zweck mit dem Grund und Boden verbunden sind.«

Das BGB spricht daher von **Scheinbestandteilen.** Also keine Ablieferungspflicht für Radieschen.

Nur **wesentliche** Bestandteile eines Grundstücks können nicht Gegenstand besonderer Rechte sein, sagt § 93 BGB. »Wesentlich« ist nicht gleich »wertvoll«. Entscheidend ist vielmehr, ob die Bestandteile einer Sache nach der Trennung noch ihren Gebrauchswert behalten. So ist ein Gartenhaus ohne Fundament kein wesentlicher Bestandteil, da es ohne Substanzverlust abgebaut und transportiert werden kann. Dagegen ist ein solider Zaun und erst recht eine Grenzmauer wesentlicher Bestandteil und gehört damit dem Eigentümer des Grundstücks.

Eine besondere Vorschrift gilt für den **Grenzbaum** (siehe Seite 68). Er steht im Miteigentum der beiden Nachbarn. § 923 BGB bestimmt daher, dass die Früchte dieses Baumes beiden Nachbarn zu gleichen Teilen gehören. Das gilt auch dann, wenn die Grenze nicht haargenau durch die Mitte des Stammes verläuft. Wenn der Stamm aber nur in **einem** Grundstück steht und die Grenze lediglich streift, besteht kein Miteigentum. Es ist dann kein Grenzbaum i. S. des § 923 BGB.

Betreten des Nachbargrundstücks

Als Grundsatz gilt, dass ohne Einwilligung des Nachbarn dessen Grundstück nicht betreten werden darf. Auch dann nicht, wenn ein Ball über Zaun oder Mauer geflogen ist. Ein verständiger Nachbar wird keine Schwierigkeiten machen, wenn lediglich der Ball geholt werden soll. Aber ohne seine Erlaubnis besteht kein Betretungsrecht.
Von diesem Grundsatz gibt es einige Ausnahmen, die gesetzlich normiert sind. So besteht in einigen Bundesländern das so genannte **Hammerschlags- und Leiterrecht.** In diesen Fällen darf das Nachbargrundstück betreten werden, wenn nur von dort aus Reparaturarbeiten am eigenen Haus durchgeführt werden können. Diese Berechtigung kann sich auch aus dem allgemeinen Grundsatz der Pflicht zur gegenseitigen Rücksichtnahme ableiten. In manchen Nachbarrechtsgesetzen ist im Interesse der Landwirtschaft das so genannte **Trepp- oder Schwengelrecht** verankert. Aber das sind Besonderheiten, die den Besitzer eines Einfamilienhauses mit Garten in aller Regel nicht berühren. Ebensowenig spielt das **Notwegerecht** in städtischen Gärten eine große Rolle. Unter Landwirten ist es dagegen häufig ein über Generationen sorgsam gepflegter Konflikt. Eine große und für alle verbindliche Ausnahme vom Betretungsverbot ist der **Notstand.**

§

§ 904 BGB

»Der Eigentümer einer Sache ist nicht berechtigt, die Einwirkung eines anderen auf die Sache zu verbieten, wenn die Einwirkung zur Abwendung einer gegenwärtigen Gefahr notwendig und der drohende Schaden gegenüber dem aus der Einwirkung dem Eigentümer entstehenden Schaden unverhältnismäßig groß ist. Der Eigentümer kann Ersatz des ihm entstehenden Schadens verlangen.«

Den Ball aus Nachbars Garten darf ich ohne Erlaubnis nicht holen. Wenn aber z. B. ein Mensch oder ein Tier auf Nachbars Grundstück in akuter Not ist, oder beim Nachbar ein Brand ausbricht, dann darf und muss ich eingreifen, ohne Rücksicht auf Eigentumsverhältnisse und Grenzen.
Natürlich nur im Rahmen der Verhältnismäßigkeit. Es ist weder notwendig noch gerechtfertigt, den Gartenzaun niederzutrampeln, wenn das Gartentor offen ist.

Bienen in Nachbars Garten

Das BGB widmet den Bienen volle 4 Paragraphen (§§ 961-964). Diese beziehen sich aber nicht auf die einzelne Biene, sondern auf Bienenschwärme. Offen bleibt bisher die Frage, ob es sich im Rechtssinn um »wilde« oder »gezähmte« Tiere handelt. Oder gar um »Haustiere«.

Gleichgültig, zu welchem Ergebnis man kommt, eines ist ganz sicher: in städtische Wohngebiete gehören keine Bienenkörbe. Darüber sind sich die Gerichte einig. Gestritten wird allerdings häufig darüber, ob es sich im konkreten Fall um ein städtisches oder ein ländliches Wohngebiet handelt, und ob die Bienenhaltung ortsüblich ist.

Über einen besonders drastischen Fall hatte das ***Amtsgericht München*** zu urteilen. Ein Hobby-Imker hatte auf dem Dach seiner Garage im städtischen Bereich des Englischen Gartens Kästen für 11 Bienenvölker aufgestellt. Er berief sich darauf, dass seine Bienen in den Blumenkästen der Vorgärten sehr gute und reiche Nahrung fänden. Die Nachbarn beklagten sich über häufige Bienenstiche. Außerdem hatte die Feuerwehr schon mehrfach ausrücken müssen, um die Schwärme wieder einzufangen. Das Amtsgericht München verurteilte den Hobby-Imker zur Entfernung der Bienenstöcke. Die Berufung wurde vom ***Landgericht München*** mit Urteil vom 16.4.1986 (AZ: 15 S 22975/85) zurückgewiesen. Aus der Sicht des durchschnittlichen Bewohners einer Großstadt handle es sich um eine wesentliche Belästigung.

Das Landgericht München hat damit 1986 einen Weg beschritten, den das ***Landgericht Kiel*** schon 1965 vorgezeichnet hatte (Urteil vom 21.5.1965, Monatsschrift für Deutsches Recht 1966, S. 412):

§

»Es ist bekannt, dass Stadtbewohner wenig Erfahrung mit Bienen haben und – weil sie sich zum Teil nicht richtig verhalten – mehr von Bienen belästigt werden, als es gemeinhin bei Landbewohnern oder bei Bewohnern von Gebieten mit ländlichem Charakter der Fall ist. Für einen Durchschnittsbewohner einer Stadt sind daher die Belästigungen durch Bienen, die auf dem Nachbargrundstück gehalten werden, als wesentlich anzusehen.«

Die folgenden Urteile zeigen, mit welchen Schwierigkeiten die deutschen Gerichte bisweilen zu kämpfen haben.

- ***Landgericht Lübeck***, Urteil vom 8. 10. 1969 (Monatsschrift für Deutsches Recht 1970, S. 506):
  »Die Tatsache, dass in einer reinen Wohngegend Bienen von insgesamt sechs Imkern gehalten werden, bedeutet noch nicht eine ortsübliche Nutzung. Im konkreten Fall ist daher der Nachbar eines Imkers nicht verpflichtet, die von den Bienen ausgehende Beeinträchtigung auf seinem Grundstück zu dulden.«
- ***Oberlandesgericht Nürnberg***, Urteil vom 25. 2. 1970 (AZ: 4 U 106/68):
  Die Haltung von 50 Bienenstöcken überschreite in der Stadtrandlage bei weitem die ortsübliche Größe. Das Gericht verfügte daher die Beseitigung von 30 Völkern.
- ***Landgericht Ellwangen***, Urteil vom 21. 6. 1985 (Neue Juristische Wochenschrift 1985, S. 2339):
  Nach Auffassung des Gerichts erfolgt die beanstandete Bienenhaltung auf einem optimalen Standort und ist in der betreffenden Gegend auch ortsüblich. Dennoch hält das Gericht die Bienenhaltung für unzulässig, da der klagende Nachbar an einer besonders schweren Bienengiftallergie leidet. Es stehe ihm daher aus dem nachbarschaftlichen Gemeinschaftsverhältnis ein Anspruch auf Unterlassung der Bienenhaltung zu.

- ***Landgericht Memmingen***, Urteil vom 25. 2. 1987 (Neue Juristische Wochenschrift - Rechtsprechungsreport 1987, S. 530):
  Der Bienenflug stellt in einer ländlichen Wohn- und Gartenanlage eine naturgegebene Erscheinung dar, die nicht als wesentliche Beeinträchtigung angesehen werden kann.

- ***Landgericht Amberg***, Urteil vom 15. 6. 1988 (Neue Juristische Wochenschrift - Rechtsprechungsreport 1988, S. 1359):
  Obwohl in dem betreffenden Ort weitere sieben Imkereien vorhanden sind, kommt das Gericht zu dem Ergebnis, dass die beanstandete Imkerei eine nicht ortsübliche Nutzung des Grundstücks und eine wesentliche Beeinträchtigung darstelle. Die Bienenhaltung wurde untersagt.

- ***Oberlandesgericht Hamm***, Urteil vom 3. 7. 1989 (Monatsschrift für Deutsches Recht 1989, S. 993):
  »Die Haltung von Bienen auf einem Grundstück in einem Wohngebiet kann eine wesentliche Beeinträchtigung des Nachbargrundstückes darstellen.«

- ***Oberlandesgericht Bamberg***, Urteil vom 16. 9. 1991 (Neue Juristische Wochenschrift - Rechtsprechungsreport 1992, S. 406):
  Das Gericht untersagt einem Hobby-Imker die Haltung von acht Bienenvölkern, weil die Nachbarin an einer Bienengiftallergie leidet.

- ***Landgericht Duisburg***, Urteil vom 31. 1. 1992 (AZ: 4 S 87/91):
  Das Gericht weist die Unterlassungsklage ab, da die Kläger die Bienenhaltung als unwesentliche Störung ihres Grundstücks hinzunehmen hätten. Der Kläger betrieb bereits seit vielen Jahren die Bienenhaltung. Zu diesem Zeitpunkt konnte er nicht voraussehen, dass die Nachbargrundstücke jemals bebaut werden würden.

Eindringen von Wurzeln

Baumwurzeln nehmen keine Rücksicht auf Grundstücksgrenzen. Sie holen häufig den notwendigen Lebenssaft auch aus Nachbars Gärten. Das dürfen sie grundsätzlich auch. Unter Juristen bedeutet »grundsätzlich« jedoch, dass es sich um einen so genannten Regelfall handelt, von dem Ausnahmen durchaus möglich sind. Um eine solche Ausnahme handelt es sich dann, wenn die Wurzeln unseres Baumes die Nutzung des Nachbargrundstücks beeinträchtigen. § 910 BGB behandelt dieses Problem.

§

§ 910 Überhang

(1) Der Eigentümer eines Grundstücks kann Wurzeln eines Baumes oder eines Strauches, die von einem Nachbargrundstück eingedrungen sind, abschneiden und behalten. Das gleiche gilt von herüberragenden Zweigen, wenn der Eigentümer dem Besitzer des Nachbargrundstücks eine angemessene Frist zur Beseitigung bestimmt hat und die Beseitigung nicht innerhalb der Frist erfolgt.

(2) Dem Eigentümer steht dieses Recht nicht zu, wenn die Wurzeln oder die Zweige die Benutzung des Grundstücks nicht beeinträchtigen.

Das Nachbargrundstück muss also in seiner wirtschaftlichen Nutzung durch die Wurzeln **beeinträchtigt** werden. Das kann der Fall sein, wenn die Wurzeln in das Gemüsebeet ragen. Oder wenn dort, wo sich die Wurzeln befinden, ein Haus gebaut werden soll. Oder wenn das Grünland in Ackerland umgebrochen werden soll. Eine abstrakte Gefährdung reicht zur Begründung des Beseitigungsanspruchs jedenfalls nicht aus (Urteil des ***Landgerichts Hannover*** vom 25. 3. 1988, Natur und Recht 1990, S. 45).
In der Praxis macht das Eindringen von Wurzeln in Wasser- und Abwasserleitungen die größten Schwierigkeiten.

§

»Dringen Wurzeln einer seit 20 Jahren 80 cm von der Grundstücksgrenze stehenden Birke in die Abwasserleitung des Nachbargrundstücks ein und verursachen Schäden durch Verstopfung, so hat der geschädigte Nachbar einen Ersatzanspruch für die ihm entstandenen Kosten sowie einen Anspruch auf geeignete Maßnahmen zur Verhinderung zukünftiger gleichartiger Schäden. Er kann aber nicht die Beseitigung des Baumes verlangen.«
(*Oberlandesgericht Düsseldorf*, Urteil vom 11. 6. 1986,
Neue Juristische Wochenschrift 1986, S. 26)

»Der Grundstückseigentümer hat einen Anspruch auf Beseitigung von Wurzeln, die in sein Grundstück hineingewachsen sind, wenn dies zu einer konkreten Beeinträchtigung seines Grundstücks geführt hat. Dies ist im allgemeinen nur anzunehmen, wenn der Eigentümer in seiner Rechtsstellung nicht ohne weiteres zu duldende Einbußen erfährt; ganz unerhebliche Störungen scheiden für die Anwendung des § 1004 BGB aus.«
(*Oberlandesgericht Köln*, Urteil vom 17. 5. 1989, Vers.recht 1989, S. 1202)

»Der Selbsthilfeberechtigte kann verpflichtet sein, den Eigentümer des Baums von dem Abschneiden der Wurzeln zu unterrichten. Unterlässt er dies, kann er schadensersatzpflichtig sein.«
(*Oberlandesgericht Köln*, Urteil vom 23. 6. 1993,
Zeitschrift für Miet- und Raumrecht 1993, S. 567)

»Gegen den Anspruch des Eigentümers auf Erstattung von Kosten, die ihm durch die Beseitigung von Eigentumsstörungen entstanden sind, kann der Einwand erhoben werden, dass er die Störungen selbst mitverursacht habe (hier: Eindringen von Baumwurzeln in eine fehlerhaft verlegte Abwasserleitung).«
(*Bundesgerichtshof*, Urteil vom 21. 10. 1994, Neue Juristische Wochenschrift 1995, S. 395)

§

»Eine Ausnahme vom allgemeinen Grundsatz, dass das Eindringen von Wurzelwerk in das Nachbargrundstück für sich genommen keine Beeinträchtigung des Eigentums darstellt, ist dann zu bejahen, wenn das Wurzelwerk für ein Anheben oder Aufbrechen des Nachbarbodens ursächlich ist.«
(*Landgericht Itzehoe*, Urteil vom 9.2.1995, Neue Juristische Wochenschrift – Rechtsprechungsreport 1995, S. 978)

»Baut der Eigentümer einer Ackerfläche neben einer auf dem Nachbargrundstück schon vorhandenen Pappelreihe einen Tennisplatz, so trifft ihn eine erhebliche Mitverantwortung an der durch das Wurzelwachstum verursachten Beeinträchtigung seines Eigentums (Tennisplatzbelag), wenn er dem Nachbarn gegenüber vorher nicht seinen Abwehranspruch (§ 1004 BGB) geltend macht.«
(*Bundesgerichtshof*, Urteil vom 18.4.1997, Monatsschr. f. Dt. Recht 1997, S. 825)

»1. Der Eigentümer eines Baums muss dafür Sorge tragen, dass dessen Wurzeln nicht in das Nachbargrundstück hinüberwachsen; verletzt er diese Pflicht, ist er hinsichtlich der dadurch hervorgerufenen Beeinträchtigungen des Nachbargrundstücks »Störer« i.S. von § 1004 I BGB.
2. Der durch von dem Nachbargrundstück hinübergewachsene Baumwurzeln gestörte Grundstückseigentümer kann die von dem Störer geschuldete Beseitigung der Eigentumsbeeinträchtigung selbst vornehmen und die dadurch entstehenden Kosten nach Bereicherungsgrundsätzen erstattet verlangen (Bestätigung von Senat, BGHZ 97, 231 [234] = NJW 1986, 2640; BGHZ 106, 142 [143] = NJW 1989, 1032; WM 1991, 1685 [1686]; NJW 1995, 395 = WM 1995, 76).
(*Bundesgerichtshof*, Urteil vom 28. 11. 2003,
V ZR 99/03 (LG Berlin, Neue Juristische Wochenschrift 2004, S. 603).

§ 910 BGB gewährt dem Nachbarn das in unserem Rechtssystem nicht häufige Selbsthilferecht. Das heißt, der Nachbar darf selbst die auf seinem Grundstück eingedrungenen Wurzeln abschneiden. Aber nur bis zur Grenze und nicht etwa bis zum Baumstamm. Und er darf die Wurzeln auch nur so weit abschneiden, wie die Wurzeln die Nutzung seines Grundstücks beeinträchtigen. Also kein Radikalschnitt. Außerdem Vorsicht: Wenn eine Baumschutzverordnung besteht (siehe Seite 15 ff.), dann dürfen auch Baumwurzeln ohne Erlaubnis nicht entfernt werden (Vergleiche Urteil des ***Oberlandesgerichts Düsseldorf*** vom 20.4.1988, Neue Juristische Wochenschrift 1989, S. 1807). Unter Juristen ist die Frage umstritten, ob der Nachbar dem Grundstückseigentümer eine **Frist zur eigenhändigen Beseitigung** der Wurzeln setzen muss und erst nach erfolglosem Ablauf der Frist zur Selbsthilfe schreiten darf. Die Zweifel ergeben sich daraus, dass § 910 die Fristsetzung nur beim **Entfernen von überhängenden Zweigen** fordert. Entgegen der herrschenden Meinung bin ich der Auffassung, dass auch beim **Entfernen der Wurzeln** eine Fristsetzung notwendig ist. Und zwar schon deshalb, weil die Wurzelresektion ein sehr einschneidender Eingriff ist, der Sachkunde und Sorgfalt erfordert. Dem Eigentümer des Baumes muss daher Gelegenheit gegeben werden, die Arbeit eigenhändig durchzuführen. Schließlich sind die Wurzeln nicht nur für die Standfestigkeit, sondern auch für die Ernährung des Baumes von großer Bedeutung. Und häufig stirbt ein Teil der Baumkrone mit dem Entfernen von Wurzelwerk ab.
Wenn der Nachbar die Wurzeln entfernt hat, gehen sie in sein Eigentum über. Sind ihm durch die Arbeit Kosten entstanden, hat er grundsätzlich gegenüber dem Eigentümer des Baumes einen Anspruch auf Kostenerstattung. Hat dagegen der Gartenfreund auf Bitten seines Nachbarn selbst die Wurzeln entfernt, kann er sie auch behalten.
Lange Zeit war auch die Frage umstritten, ob der Nachbar das Recht hat, statt selbst die Entfernung der Wurzeln vorzunehmen, den Baumeigentümer auf Beseitigung der Wurzeln zu verklagen. Durch eine Entscheidung des Bundesgerichtshofes ist dieser Streit inzwischen ausgetragen. Der Nachbar braucht nicht selbst Hand anzulegen, er darf auch auf Beseitigung prozessieren (vergleiche Urteil des ***Bundesgerichtshofes*** vom 28.11.2003 in Neue Juristische Wochenzeitschrift 2004, Seite 603.)

Einzäunungspflicht

In Bayern, Baden-Württemberg, Hamburg, Bremen und Sachsen gibt es keine gesetzliche Pflicht, auf Verlangen des Nachbarn sein Grundstück einzuzäunen. In den anderen alten Bundesländern sowie in Brandenburg, Sachsen-Anhalt und in Thüringen dagegen schon. Aber auch in diesen Ländern sind die Regelungen sehr unterschiedlich. Wir müssen daher für jedes Bundesland das geltende Recht ermitteln.

Als Schwierigkeit kommt hinzu, dass Zaun nicht gleich Zaun ist. Weder tatsächlich, noch im Rechtssinn. Es müssen daher einige Grundbegriffe zunächst geklärt werden.

Der juristische Oberbegriff ist die sog. **Einfriedung.** Diese kann aus einem lebenden (Hecke) oder festen Zaun bzw. einer Mauer bestehen. Für die Anpflanzung eines lebenden Zaunes haben die meisten Länder den Grenzabstand (siehe Seite 52 ff.) vorgeschrieben, vorausgesetzt, die Hecke wird ausschließlich auf eigenem Grund errichtet. Dagegen gibt es bei bebauten Grundstücken für die Einfriedung durch Zäune oder Mauern keine gesetzlichen Vorschriften über den Abstand zum Nachbargrundstück. Sie können also auf eigenem Grund direkt **an die Grenze** gesetzt werden. Wird die Einfriedung nicht an, sondern **auf die Grenze** gesetzt, steht sie also auf beiden Grundstücken, dann handelt es sich um eine »**Grenzeinrichtung**« im Sinne der §§ 921 und 922 BGB. Eine solche Grenzeinrichtung wird in aller Regel von den beteiligten Nachbarn gemeinsam errichtet, betreut und finanziert. Diese Unterscheidungen wirken sich auch auf die Einzäunungspflicht aus.

Wie gesagt, in **Bayern, Hamburg, Bremen** und **Sachsen** gibt es keine nachbarrechtliche Pflicht, das Grundstück einzuzäunen. Auch in **Baden-Württemberg** nicht. Es sei denn, es handelt sich um ein bebautes Grundstück **außerhalb** des geschlossenen Wohnbereichs, und die Einfriedung ist zum Schutz des nachbarlichen Eigentums erforderlich. Liegt das Grundstück an einer öffentlichen Straße, kann es aus Gründen der Verkehrssi-

cherheit auch in diesen Ländern eine Einzäunungspflicht geben. Aber das ist dann nicht Nachbarrecht, sondern öffentliches Recht.
In den anderen Ländern existiert eine solche Einzäunungspflicht. Aber nur auf Drängen des Nachbarn. In Detailfragen weichen die Regelungen voneinander ab, wie folgende Vergleiche zeigen:
In **Berlin** hat jeder Grundstückseigentümer an der Grenze zum **rechten** Nachbargrundstück einzufrieden, wenn die Grundstücke unmittelbar nebeneinander an derselben Straße liegen und der Nachbar es verlangt. Rechtes Nachbargrundstück ist dasjenige, das von der Straße aus betrachtet rechts liegt. Es kann nur die Errichtung einer ortsüblichen Einfriedung verlangt werden. Ist die Ortsüblichkeit nicht feststellbar, kann ein etwa 1,25 Meter hoher Zaun aus Maschendraht gefordert werden. Der Verpflichtete hat die Einfriedung auf seinem eigenen Grundstück zu errichten und die Kosten allein zu tragen. Es handelt sich dann also nicht um eine gemeinsame Grenzeinrichtung. Haben dagegen beide Nachbarn an derselben Grenze einzuzäunen, dann müssen sie das auch gemeinsam tun und die Kosten entsprechend teilen.
In **Hessen** muss der Grundstückseigentümer auf Verlangen des Nachbarn sein Grundstück auf allen Seiten einzäunen. Da diese Pflicht meist beide Nachbarn trifft, müssen sie die Einfriedung gemeinsam errichten. Es entsteht dann eine der oben beschriebenen Grenzeinrichtungen im Sinne des § 921 BGB.
In **Rheinland-Pfalz, Saarland, Sachsen-Anhalt** und **Thüringen** bestehen vergleichbare Regelungen. In diesen Ländern ist auch nur auf Verlangen des Nachbarn auf eigenem Grund eine Einfriedung vorzunehmen. Voraussetzung ist aber, dass die Einzäunung notwendig ist, um das Nachbargrundstück vor wesentlichen Beeinträchtigungen zu schützen, die von dem einzufriedenden Grundstück ausgehen. Also Einfriedungspflicht des **Störers.** Beispiel: ständiges Hinüberlaufen oder -fliegen von Haustieren. Die Kosten für die Errichtung der Grenzeinrichtung hat jeweils der Störer zu tragen.
Niedersachsen kennt eine besondere Variante. Ähnlich wie in Berlin kann die Einzäunung zum rechten Nachbargrundstück verlangt werden. Wenn aber die dann errichtete ortsübliche Einfriedung nicht ausreicht, um vor

unzumutbaren Beeinträchtigungen zu schützen, kann eine Nachbesserung verlangt werden.

In **Nordrhein-Westfalen** und **Schleswig-Holstein** muss auf Verlangen das Grundstück an der **gemeinsamen Grenze** eingefriedet werden. Gehen unzumutbare Beeinträchtigungen von dem Grundstück aus, dann kann auch eine allumfassende Einfriedung verlangt werden.

In **Mecklenburg-Vorpommern** gibt es derzeit noch kein Nachbarrechtsgesetz.

Frösche

Frösche in Hausteichen haben viele Menschen zur Verzweiflung und deutsche Gerichte zu Überstunden gebracht. Schon das Reichsgericht musste sich 1910 mit der Frage befassen, ob das Froschgequake vom Nachbarn geduldet werden muss. In der Bundesrepublik haben sich insbesondere das Amtsgericht Gelnhausen, das Landgericht Hanau, das Landgericht Itzehoe, das Schleswig-Holsteinische Oberlandesgericht, das Landgericht München II und das Oberlandesgericht München mit diesem Problem herumgeschlagen. Auf manche dieser Entscheidungen wird in der Literatur auch jetzt noch Bezug genommen. In Wahrheit können sie inzwischen jedoch alle vergessen werden, denn der ***Bundesgerichtshof*** hat mit Urteil vom 20. 11. 1992 (Neue Juristische Wochenschrift 1993, S. 925) für Klarheit gesorgt.

Ausgangspunkt ist die Tatsache, dass alle in der Bundesrepublik vorkommenden Frösche nach § 42 des Bundesnaturschutzgesetzes zu den geschützten Tieren gehören.

Nach diesem Gesetz ist es verboten, wildlebenden Tieren der besonders geschützten Arten nachzustellen, sie zu fangen, zu verletzen, zu töten oder ihre Entwicklungsformen, Nist-, Brut-, Wohn- oder Zufluchtsstätten der Natur zu entnehmen, zu beschädigen oder zu zerstören.

Der ***Bundesgerichtshof*** hat in dem zitierten Urteil vom 20. 11. 1992 aus dieser Rechtslage die Konsequenzen gezogen und Richtlinien für die Behandlung des Problems aufgestellt. Zunächst legte er ein eindeutiges Bekenntnis zum hohen Rang des Naturschutzes ab. Er betonte dabei, dass auf die Ausgleichsfunktion der Gärten zur Sicherung des Naturhaushaltes nicht verzichtet werden könne. So sei der Lebensraum wildlebender Tiere nicht nur zu entwickeln, sondern auch wiederherzustellen. Insbesondere seien Wasserflächen zu erhalten und zu vermehren.

Frösche stünden auch dann unter Naturschutz, wenn sie sich in einem künstlich angelegten Teich aufhielten. Das gelte selbst dann, wenn sie dort von Menschenhand eingesetzt worden seien. Das Fangen der Frösche und das Trockenlegen von Teichen (wohlgemerkt: auch von künstlich angelegten Teichen) sei strikt verboten.

Und dann kommt die »Kehrseite«: Einem »verständigen Durchschnittsmenschen« seien massive Störungen seiner Nachtruhe aber nicht zumutbar. Wer einen Gartenteich anlege und unterhalte, in dem sich Frösche ansiedeln, sei **Störer** hinsichtlich des Froschlärms. Allerdings könne er nicht zum Schadensersatz herangezogen werden, weil das Gequake der unter Schutz stehenden Frösche ja nicht rechtswidrig sei.

Der Bundesgerichtshof sieht aus diesem Dilemma nur eine rechtlich zulässige Lösung. Die betroffenen Nachbarn (und natürlich auch der Teichbesitzer) könnten bei der unteren Naturschutzbehörde den Antrag stellen, dass **ausnahmsweise** die Frösche zu entfernen seien oder der Teich zugeschüttet werden müsse. Eine solche Ausnahmeregelung lasse das Naturschutzgesetz zu. Bei der Entscheidung über diesen Antrag müsse die Naturschutzbehörde dann sehr sorgfältig abwägen, wie groß tatsächlich die Belästigung für die Nachbarschaft sei.

Das ***Amtsgericht Starnberg*** hat sich in einem vergleichbaren Fall souverän über die Entscheidung des Bundesgerichtshofes hinweggesetzt. Es hat den Eigentümer des Gartenteichs dazu verurteilt, »durch geeignete Maßnahmen zu verhindern, dass in der Zeit von 22.00 bis 7.00 Uhr Geräuschimmissionen durch Froschquaken auftreten, die 35 dB (A) nicht nur kurzzeitig übersteigen.« (Beschluss vom 25. 11. 1997, AZ: I UR II 25/97).

Gartenfeste

Man kann gar nicht genug Feste feiern. Die Frage ist nur: Wie und wann. Eine gute Gartenparty ist die Hohe Schule der Nachbarschaftspflege. Damit es keinen Ärger gibt, raten viele, die Nachbarn zur Party einzuladen. Kein schlechter Rat. Er hat aber nur dann einen Sinn, wenn damit der Teil der Nachbarschaft, der durch Lärm und Gerüche belästigt werden kann, komplett erfasst wird. Denn nachtstörender Lärm wird durch Mehrheitsentscheidung nicht zu sanftem Säuseln. Noch besser ist also, ruhestörenden Lärm immer dann zu vermeiden, wenn andere belästigt werden können. So will es auch der Gesetzgeber. Er hat in § 117 des Gesetzes über Ordnungswidrigkeiten in der Fassung vom 12. 8. 2005 bestimmt, dass

§

»Ordnungswidrig handelt, wer ohne berechtigten Anlass oder in einem unzulässigen oder nach den Umständen vermeidbaren Ausmaß Lärm erregt, der geeignet ist, die Allgemeinheit oder die Nachbarschaft erheblich zu belästigen oder die Gesundheit eines anderen zu schädigen.«

Wer sich nicht daran hält, kann mit einer Geldbuße bis zu Euro 5 000,- belegt werden. Die Vorschrift ist recht schwammig formuliert. Aber wer sich selbst gegenüber ehrlich ist, weiß meistens sehr gut, was erlaubt ist und was nicht. Alles hängt vom Einzelfall ab.
Gegen unangemessen laute Gartenfeste können die betroffenen Nachbarn auch Abwehransprüche nach § 1004 BGB geltend machen. Ob ein solcher Anspruch begründet ist, hängt u. a. davon ab, ob derartige Feste ortsüblich sind und ob es zu einer wesentlichen Beeinträchtigung der Nachbarn kommt. Dass in einem 10 000 m^2 großen Garten manches erlaubt ist, was im Reihenhausgarten undenkbar sein sollte, wird niemand bezweifeln können. Es ist auch nicht wahr, dass § 117 nur die nächtliche Ruhestörung

verhindern will. Auch der Lärm, der vor 22.00 Uhr verursacht wird, kann unzulässig sein. Generell gilt die Erkenntnis, dass an der Gestaltung eines Gartenfestes abgelesen werden kann, welcher Respekt den Nachbarn entgegengebracht wird.

Gartengeräte, lautstarke

In der Vergangenheit rief man wegen »ruhestörenden Lärms« nach Polizei und Kadi. Das war damals richtig. Denn § 360 Nr. 11 des Strafgesetzbuches bedrohte jeden mit Strafe, der »ungebührlicherweise ruhestörenden Lärm« machte. Diese Strafvorschrift ist zum 1. 1. 1975 außer Kraft getreten. Wer daraus jedoch schließt, dass nunmehr ungehemmt Lärm gemacht werden darf, der irrt. § 360 Nr. 11 StGB wurde ersetzt durch § 117 des Gesetzes über Ordnungswidrigkeiten in der Fassung vom 12. 8. 2005 BGBl. I 2354. Diese Vorschrift ist gerade für solche Menschen von Belang, die sich im Garten oder Haus durch ihre Nachbarn belästigt fühlen. Sie lautet:

§

§ 117

Unzulässiger Lärm

(1) Ordnungswidrig handelt, wer ohne berechtigten Anlass oder in einem unzulässigen oder nach den Umständen vermeidbaren Ausmaß Lärm erregt, der geeignet ist, die Allgemeinheit oder die Nachbarschaft erheblich zu belästigen oder die Gesundheit eines anderen zu schädigen.
(2) Die Ordnungswidrigkeit kann mit einer Geldbuße bis zu fünftausend Euro geahndet werden, wenn die Handlung nicht nach anderen Vorschriften geahndet werden kann.

Das Wort »Geldbuße« lässt erkennen, dass es sich bei der missbilligten Handlung nicht mehr - wie früher - um kriminelles Unrecht handelt. Damit ist nach jahrzehntelanger Diskussion der Forderung entsprochen worden, Kriminalrecht vom Ordnungsrecht zu trennen. Wer also unzulässigen Lärm macht, begeht eine Ordnungswidrigkeit, aber keine Straftat. Für die Verhängung der Geldbuße ist daher eine Verwaltungsbehörde zuständig, und nicht das Gericht.

Dieser § 117 gilt nur dann, wenn nicht speziellere Vorschriften des Bundes oder der Länder existieren. Für die im Garten verwendeten Geräte gibt es solche besonderen Vorschriften nur für ***Rasenmäher*** (siehe Seite 97).
Ansonsten fehlen spezielle Vorschriften. Obwohl es Gartengeräte gibt, deren Geräusche den geduldigsten Nachbarn auf die Palme treiben. Da gibt es elektrische Heckenscheren, Rasentrimmer, Rasenscheren, Rasenschneider, Vertikutierer, rotierende Kompostsilos, Gartenhäcksler, Handrasenmäher, Benzinmäher, Messerwalzenmäher, Motorhacken, Laubsauger, und sicher noch viele andere. Wenn man der Werbung vertrauen darf, dann tragen die im Garten üblichen Geräte dazu bei, »dass der Hobbygärtner den Garten als Erlebniswelt erfährt und die unzähligen Möglichkeiten kreativer Entfaltung uneingeschränkt nutzen kann« (aus dem Gartenmagazin eines bekannten Herstellers).
Nur schade, dass viele dieser Geräte Lärm machen, manchmal sogar sehr viel Lärm. Nicht alle Gartenfreunde kaufen ausschließlich lärmarme Geräte. Die gibt es durchaus. Aber die sind meist teurer als die Krachmacher. Und auch häufig weniger leistungsfähig, weil die Lärmschutzmaßnahmen einen Teil der Motorkraft rauben. Viele Gartler handeln darum leider nach dem Motto: Lärmschutz ist sehr gut, solange der Nachbar dafür bezahlt.
§ 117 greift dann ein, wenn der Lärm vermeidbar und geeignet ist, die Nachbarschaft erheblich zu belästigen. Da im Gesetz von Nachbar**schaft** gesprochen wird, reicht die Belästigung **eines** Nachbarn nicht aus. Es müssen mehrere betroffen sein. Dafür genügt aber die bloße **Eignung** zur Belästigung oder Schädigung. Der Nachweis einer konkreten Gefährdung ist nicht erforderlich. Wesentlich sind Zeit, Ortsüblichkeit und Lautstärke. Auch für Laien ist es lohnend, sich mit den Schallwerten in Dezibel - abgekürzt dB(A) - vertraut zu machen. Die Bundesregierung hat eine Lärmskala zum Schutz der Nachtruhe vor Verkehrslärm erstellt. Diese Werte sind nicht nur für den Straßenverkehr von Bedeutung.

Einige Beispiele:

• Flüstern	= 30 dB(A)
• normale Wohngeräusche in einer ruhigen Wohnstraße	= 40 dB(A)
• normales Gespräch	= 50 dB(A)
• Bürolärm	= bis zu 60 dB(A).

Bis dahin wird der Lärm üblicherweise toleriert, da nicht als »ruhestörend« empfunden. Entsprechend sind die Grenzwerte in der Praxis des Straßenverkehrs: In reinen Wohngegenden sollen sie tagsüber 55 dB(A) und nachts 40 dB(A) nicht überschreiten.

Über 60 dB(A) wird es kritisch. Dabei muss man wissen, dass ein Anstieg um 10 dB(A) einer Verzehnfachung (!) der Schallintensität entspricht. Bereits bei 60 dB(A) wacht der »Durchschnittsschläfer« auf. Lautes Rufen erzeugt Lärm von 70 dB(A); starker Straßenverkehr muss mit 80 dB(A) angesetzt werden, und 90 dB(A) entsprechen dem Geräuschpegel in einer Fabrikhalle.

Diese Lärmskala ist unbestritten; sie berücksichtigt aber nicht die subjektive Einstellung des Betroffenen zur Lärmquelle. Die Auseinandersetzungen über Kuhglocken, Kirchturmuhren und -glocken, Froschgequake (siehe Seite 37), Hähnekrähen und Hundegebell (siehe Seite 104 ff.) beweisen das deutlich. Die Berichte über solche Streitigkeiten füllen inzwischen ganze Bibliotheken.

Wann lautstarke Gartengeräte nicht eingesetzt werden dürfen, können die Gemeinden durch Ortssatzung bestimmen. Es lohnt sich also jeweils eine Anfrage bei der Gemeinde. Wer sich durch den Betrieb von solchen Geräten im Sinne des § 117 belästigt fühlt, kann sich mit seiner Beschwerde an die Polizei, die Gemeinde oder das Landratsamt wenden.

Gartenpflege durch Wohngemeinschaften

Gemeinschaftsordnung und Hausordnung bestimmen Rechte und Pflichten der Wohnungseigentümer auch hinsichtlich der Gartenpflege. Änderungen dieser Regeln sind meist nur durch Vereinbarung ***aller*** Eigentümer, in Ausnahmefällen auch durch Mehrheitsbeschlüsse möglich.

Mit einem solchen Mehrheitsbeschluss mußte sich die Berliner Justiz befassen. Vor mehreren Reihenhäusern befand sich eine durchgehende Rasenfläche, die nicht im Sonder-, sondern im Gemeinschaftseigentum stand. Die Miteigentümer hätten das übliche Rasenmähen einem Gärtner übertragen und die anfallenden Kosten gemeinsam übernehmen können. Aber das war den Miteigentümern zu aufwendig. Sie beschlossen daher, dass jeder Miteigentümer die jeweils etwa 30 m^2 große Rasenfläche vor seinem Haus selbst mähen müsse. Einer spielte aber nicht mit. Er konnte oder wollte sich am Rasenmähen nicht beteiligen. Die anderen waren nicht gewillt, die Arbeit des Streikenden zu übernehmen.

Die Eigentümerversammlung beschloss mit Mehrheit, daß die 14tägige Rasenpflege der Gartenfläche vor dem Haus des Außenseiters auf dessen Kosten von einem Gärtner durchzuführen sei.

Die drei ***Berliner*** Gerichte (***Amtsgericht***, ***Landgericht***, ***Kammergericht***), die sich mit dem Fall befassen mussten, hoben den Beschluss der Eigentümerversammlung auf. Das Kammergericht (Beschluss vom 12.11.1993, Neue Juristische Wochenschrift - Rechtsprechungsreport 1994, S. 207) stellte fest, dass Wohnungseigentümer nicht befugt sind, durch **Mehrheitsbeschluss** die Eigentümer zur **tätigen Mithilfe** bei der Instandhaltung des gemeinschaftlichen Eigentums zu verpflichten. So etwas könne nur einstimmig beschlossen werden. Denn es liege nicht in der Kompetenz einer Eigentümerversammlung, ein Mitglied der Wohngemeinschaft zu Dienstleistungen zu verpflichten. Ein solcher Beschluss sei unzulässig. Das Gesetz gehe

davon aus, dass die Eigentümer durch anteilige Geldleistungen ihrer Verpflichtung zur Instandhaltung des gemeinschaftlichen Eigentums nachkommen. Kein Mitglied könne gegen seinen Willen zu Hand- und Spanndiensten verpflichtet werden. Es verbiete sich dann aber ebenso ein Beschluss, in welchem die Maßnahmen zur Gartenpflege nur hinsichtlich eines Teilstücks an einen Dritten vergeben werden. Und dem arbeitsunwilligen Miteigentümer dafür die Kosten auferlegt werden. Nach Überzeugung des Kammergerichts gibt es nur einen zulässigen Ausweg aus dem Konflikt: Die Eigentümerversammlung kann durch Mehrheitsbeschluss den Auftrag zur Gartenpflege für die **Gesamtanlage** an einen Dritten, z. B. ein Gartenbauunternehmen, vergeben. Die Kosten für diese Dienstleistung sind dann aus der Gemeinschaftskasse zu zahlen.
Auf der gleichen Linie liegt eine Entscheidung des ***Bayerischen Obersten Landesgerichts*** (Beschluss vom 3. 7. 1991, Neue Juristische Wochenschrift - Rechtsprechungsreport 1991, S. 1362):

§

»Über die gärtnerische Gestaltung des gemeinschaftlichen Grundstücks können die Wohnungseigentümer grundsätzlich durch Stimmenmehrheit beschließen, sofern diese Gestaltung nicht schon (in Teilungserklärung, Aufteilungsplan oder Gemeinschaftsordnung) verbindlich festgelegt ist. Ein darüber gefasster Eigentümerbeschluss ist aber für ungültig zu erklären, wenn Wohnungseigentümer durch die vorgesehene gärtnerische Gestaltung unbillig benachteiligt werden.«

Gartenzwerge

18 Millionen Gartenzwerge stehen nach Schätzung der Nanologen (so nennen sich die Forscher der Zipfelmützen-Freunde) in deutschen Gärten. Wer den schwungvollen Handel in polnischen und tschechischen Grenzorten sieht, muss die baldige Verdoppelung dieser Zahl befürchten.
In Hamburg wurde in den Jahren 1985–1988 ein Prozess um Gartenzwerge geführt, der für bundesweites Aufsehen sorgte. Selbst die damaligen Bundesminister Engelhard (Justiz-) und Genscher (Außenministerium) gaben in Presseerklärungen ihre Ansichten kund.
In der Berichterstattung über diesen Prozess wurde häufig der Sachverhalt nicht richtig dargestellt. Es handelte sich nämlich nicht um Gartenzwerge in Nachbars Garten, sondern um zwei Gartenzwerge, die im Garten einer Wohnanlage aufgestellt worden waren. Das klingt zwar nach juristischer Haarspalterei, ist aber in Wahrheit von eminenter Bedeutung. Dieser Fall trug sich folgendermaßen zu:
Zu einer Anlage mit mehreren Eigentumswohnungen gehörte auch ein Garten, der, wie üblich, im gemeinsamen Eigentum stand. Das Gesetz sieht vor, dass die Benutzung dieses gemeinschaftlichen Eigentums durch Beschlüsse der Eigentümerversammlung zu regeln ist. Sonst könnte ja jeder Miteigentümer machen, was er wollte. Ohne Rücksicht auf die Gemeinschaft.
Natürlich sind die Grenzen dabei fließend. Aber es gibt Urteile, in denen das nicht abgesegnete Ballspielen auf dem Rasen oder das gelegentliche Grillen im Garten oder gar die sachlich nicht notwendige Umgestaltung des Gartens für unzulässig erklärt wurden. Weil es sich eben um Gemeinschaftseigentum handelte.
Vor diesem Hintergrund ist auch der Hamburger Prozess zu sehen. Einer der Wohnungseigentümer hatte in den Garten zwei Gartenzwerge gestellt. Ohne die Gemeinschaft zu fragen. Ein anderes Mitglied der Eigentümergemeinschaft nahm daran Anstoß. Es schaute aus einem oberen Stockwerk

auf das leuchtende Rot der Zipfelmützen und sah darin eine Provokation gegen den guten Geschmack. Der Eigentümer verlangte daraufhin die Entfernung der Gartenzwerge, weil die Aufstellung nicht gemeinsam beschlossen worden war.
Amtsgericht und Landgericht lehnten den Antrag ab. Das ***Hanseatische Oberlandesgericht*** hat mit Beschluss vom 20. 4. 1988 (AZ: 2 W 7/87) den Antragsgegner verpflichtet, die beiden Gartenzwerge zu entfernen. Das Oberlandesgericht führte in der Begründung wörtlich aus:

§

»Es kann nicht Aufgabe der Gerichte sein, in dieser vorwiegend ästhetischen Kontroverse ein Urteil zu fällen. Vielmehr ist entscheidend, daß die umstrittene Aufstellung der Gartenzwerge bei nicht wenigen Menschen den bezeichneten Anstoß erregt und deshalb letztlich zu einer nicht ganz unerheblichen Beeinträchtigung des optischen Gesamteindrucks der Wohnanlage geeignet ist.«

Das ***Amtsgericht Recklinghausen*** hat 1995 entschieden, dass auch gegen den Beschluss der Eigentümerversammlung ein Gartenzwerg aufgestellt werden darf, wenn dafür eine als Sondereigentum ausgewiesene Gartenfläche benutzt wird (AZ: 9 II 65/95).
Über einen ganz anders gearteten Gartenzwerge-Konflikt hatte das ***Amtsgericht Grünstadt*** zu entscheiden. Hier handelte es sich tatsächlich um einen Streit unter Gartennachbarn. Einer der Grundstückseigentümer war ein so begeisterter Nanologe, dass er seine Gartenzwerge selbst bastelte. Nicht den üblichen Zwerg mit der Schubkarre in der Hand, sondern mit einigen Besonderheiten. Zum Beispiel mit herausgestreckter Zunge oder mit nacktem Hinterteil. Die Zwerge wurden so postiert, dass der Nachbar sich angesprochen fühlen musste und wohl auch sollte. Das Amtsgericht Grünstadt sah das ebenso. Mit Urteil vom 11. 2. 1994 (Neue Juristische Wochenschrift 1995, S. 889) verurteilte es den Bastler, alle Gartenzwerge zu entfernen, die eindeutig beleidigenden Charakter haben (»Frust-Zwerge«). Das Gericht meinte:

§

»Ein Kunstobjekt, das ersichtlich gezielt als Mittel der Ehrverletzung eingesetzt wird, unterliegt nicht dem Schutz des Grundgesetzes, da die absolute Grenze der in Art. 1 Abs. 1 Grundgesetz garantierten Menschenwürde überschritten ist.«

Das ***Amtsgericht Forchheim*** erkannte Anfang 1998 in einem vergleichbaren Fall die beleidigende Absicht, stellte das Verfahren aber wegen Geringfügigkeit ein. Die Süddeutsche Zeitung gab dem Prozessbericht (28. 2. 1998) die Überschrift »Zwergenpo bleibt ungesühnt.«

Ebenso ungesühnt bleiben die Millionen von Geschmacksverirrungen, die sich vor den Einfamilienhäusern postieren. Das Westfälische Industriemuseum im Dortmund hat 2002 herausgefunden, dass etwa 25 Millionen Zwerge in deutschen Gärten stehen. Das Bevölkerungswachstum ist enorm. Etwa 4 Millionen Zwerge kommen jedes Jahr auf die Welt. Nicht nur in Deutschland, sondern ebenso in Frankreich und den USA. Triumph der verkitschten Seelen. Niederlage der Kunsterziehung in den Schulen.

Der Präsident der »Internationalen Vereinigung zum Schutz der Gartenzwerge« begründet das Sammeln von Gartenzwergen schlicht und einfach: »Der Mensch sucht nach einem Gegenüber, das ihm immer zuhört, aber nie widerspricht.« (zitiert nach Süddeutscher Zeitung vom 8. 8. 2000). Der Gartenzwerg als Schutz für kranke Seelen.

Giftpflanzen im Garten

Giftpflanzen im eigenen Garten. Es gibt davon mehr, als viele ahnen. Kein Anlass zur Panik, wohl aber zur Vorsicht.

Der Bayerische Rundfunk hat vor einigen Jahren eine Sendereihe dem Thema Giftpflanzen gewidmet. Er hat dabei behauptet, dass sich im Jahr etwa 100 000 Vergiftungsfälle mit Kindern ereignen. Bis zu 10 % dieser Unfälle seien auf Giftpflanzen aus Gärten, Freizeitanlagen und Parks zurückzuführen. Da in den meisten Bundesländern sogenannte Giftinformationszentren existieren, spricht einiges für die Zuverlässigkeit dieser statistischen Angabe.

Natürlich führen die durch Giftpflanzen hervorgerufenen Gesundheitsschäden nur in ganz seltenen Fällen zum Tode. Aber schwere Gesundheitsschäden sind durchaus möglich. Denkbar, dass eines Tages ein Gartenbesitzer mit einem Verfahren wegen fahrlässiger Körperverletzung rechnen muss, weil er gar zu arglos giftige Pflanzen in seinem Garten angesiedelt hat. Kinder neigen nun mal dazu, vieles von dem, was ihnen in die Finger kommt, in den Mund zu stecken. Kleine Kinder muss man davor bewahren, nach giftigen Stengeln und Früchten zu greifen. Ältere Kinder sollte man über einzelne Pflanzen und die mit ihnen verbundene Gefährdung informieren.

In einigen Bundesländern haben die zuständigen Ministerien versucht, die gefährlichsten Giftpflanzen von den Kinderspielplätzen zu verbannen. Man einigte sich darauf, dass Goldregen, Pfaffenhütchen, Stechpalme und Seidelbast in Kinderspielplätzen nichts zu suchen haben.

Welche in unseren Gärten und Parks üblichen Pflanzen sind als giftig anzusprechen?

Neben den schon aufgeführten Pflanzen sind zu erwähnen:

Fingerhut, Eisenhut, Herbstzeitlose, Lupine, Christrose, Hahnenfuß, Maiglöckchen, Tollkirsche, Oleander, Liguster, die Beeren des Efeus und des Faulbaums, Blätter und Samen des Besenginsters, die rohe Gartenbohne

ebenso wie die oberirdischen Teile der Kartoffel. Und die Zweige von Thuja und Eibe sind ebenfalls nur mit großer Vorsicht zu genießen.
Die Art der Reaktion des menschlichen Körpers hängt von vielen Faktoren ab. Einmal von der Konstitution des Menschen und dann von der Konzentration des Giftstoffes. Symptomatisch sind meist Erbrechen, Durchfall, Leibschmerzen, Kreislaufstörungen, Schwellungen, Rötungen, Ausschläge und Atemnot.
Sollten solche Vergiftungerscheinungen auftreten, gehören Kinder natürlich in ärztliche Behandlung. Darüber hinaus wird in einer Broschüre des Stuttgarter Ministeriums für Arbeit, Gesundheit und Sozialordnung »Vorsicht Gift« (1994) empfohlen:

Leisten Sie Erste Hilfe nur im Notfall, wenn ärztliche Hilfe nicht schnell genug zu bekommen ist. Manche Kinder erbrechen nach Aufnahme von Pflanzenteilen von allein. Falls dies nicht der Fall ist, der schädliche Stoff aber entfernt werden muss, können Sie wie folgt vorgehen:

1. Lassen Sie das Kind ein oder zwei Gläser lauwarmen Himbeersaft oder lauwarmes Wasser trinken.
2. Legen Sie sich das Kind in Bauchlage über Ihre Oberschenkel, den Kopf etwas nach unten hängend, damit das Erbrochene abfließen kann und nicht in die Luftröhre gerät.
3. Stecken Sie den Finger tief in den Hals und drücken Sie kräftig auf den Zungengrund.

So sollten Sie *nicht* vorgehen:

1. Geben Sie zum Auslösen von Erbrechen niemals Salzwasser. Das kann für kleine Kinder lebensgefährlich sein.
2. Geben Sie zum Auslösen von Erbrechen niemals Milch, denn die Aufnahme fettlöslicher Gifte wird durch Milch gefördert.

Diese Pflanzen sind giftig

Giftpflanze	Giftigkeit
Aronstab *(Arum)*	••
Bärenklau (Riesen-B. und Wiesen-B.) *(Heracleum)*	••
Bilsenkraut *(Hyoscyamus)*	••
Efeu (Gemeiner Efeu) *(Hedera)*	••
Eibe (Beerenmantel) *(Taxus)*	ungiftig
Eibe (Nadeln) *(Taxus)*	••
Eibe (Samen, »Beerenkern«) *(Taxus)*	•••
Eisenhut (Blauer und Gelber) *(Aconitum)*	•••
Engelstrompete *(Brugmansia)*	•••
Fingerhut *(Digitalis)*	••
Garten- und Feuerbohne Bohnen (roh) *(Phaseolus)*	•
Gold- und Blauregen *(Laburnum, Wisteria)*	•••

Giftpflanze	Giftigkeit
Herbstzeitlose *(Colchicum)*	•••
Holunder (Beeren) *(Sambucus)*	•
Kartoffel (oberirdischer Teil) *(Solanum tuberosum)*	••
Kirschloorbeer *(Prunus laurocerasus)*	••
Liguster (Beeren) *(Ligustrum)*	••
Maiglöckchen *(Convallaria)*	•
Oleander *(Nerium oleander)*	••
Pfaffenhütchen *(Euonymus)*	••
Rizinus (Wunderbaum, Christuspalme) *(Ricinus)*	•••
Robinie *(Robinia)*	••
Seidelbast *(Daphne)*	•••
Stechapfel *(Datura)*	•••
Tollkirsche *(Atropa bella-donna)*	•••

••• sehr giftig •• giftig • schwach giftig

Grenzabstand von Bäumen und Sträuchern

Ein schlechter Gartenfreund, der nicht den Wunsch hat, auf seinem Grundstück Bäume und Sträucher zu pflanzen. Schließlich will er ja nicht nur für sich, sondern auch für Tiere und Pflanzen ein Paradies schaffen. Recht hat er, gleichgültig, welche Motive ihn treiben. Ob er sich Sichtschutz zum Nachbarn verspricht, ob er Brut- und Nistplätze schaffen will, ob er mit den selbst geernteten Früchten sich erfreuen und die Freunde beeindrucken möchte, oder ob er nur einfach Freude daran hat, dem von ihm Selbstgepflanzten beim Wachsen zuschauen zu können.
Aber: Wenn er seine Bäume und Sträucher behalten will, muss er beim Pflanzen das Recht beachten. So wie es für die Pflege der Freundschaft ratsam sein kann, rechtzeitig auf Distanz zu gehen, muss beim Anpflanzen von Bäumen und Sträuchern der gesetzliche Mindestabstand gewahrt werden. Und der ist von Bundesland zu Bundesland verschieden.
Diese unterschiedlichen Bestimmungen haben keine ideologischen, sondern historische Gründe. Das am 1. Januar 1900 in Kraft getretene Bürgerliche Gesetzbuch ließ gerade im Nachbarrecht noch viel Spielraum für abweichende Regelungen. Mit Ausnahme von Hamburg, Bremen und Mecklenburg-Vorpommern verfügen die alten und inzwischen auch die neuen Bundesländer über gesetzliche Regelungen des notwendigen Grenzabstandes. Sie haben sich häufig auf die vor Einführung des BGB geltenden Bestimmungen gestützt. So wirken im Nachbarrecht heute noch Gedanken aus der Zeit des Preußischen Allgemeinen Landrechts und des von Napoleon geschaffenen Code civil mit. Im Preußischen Allgemeinen Landrecht von 1794 gab es nur eine Abstandsregel für Hecken, nicht aber für Bäume und Sträucher. Das merkt man heute noch in Bremen und Hamburg.

Ob Preuße oder Korse, um des lieben Friedens willen ist es ratsam, zunächst in das jeweilige Landesgesetz zu schauen und erst dann sorgfältig Bäume und Hecken zu pflanzen. Wegen der unterschiedlichen Bestimmungen ist es notwendig, die derzeitige Rechtslage in den Ländern getrennt zu behandeln. Die einschlägigen Gesetze sind im Anhang dieses Buches auszugsweise abgedruckt (siehe Seite 139 ff.). Siehe dazu auch die Grafik Seite 142.

Baden-Württemberg

Das Nachbarrechtsgesetz von Baden-Württemberg wurde am 26. Juli 1995 novelliert; die Gesetzesänderung ist am 1. Januar 1996 in Kraft getreten. Leider wurde diese Gelegenheit nicht genutzt, das Gesetz zu vereinfachen. Das Land hat weiterhin die umfangreichste und wohl auch am wenigsten übersichtliche Regelung über den Grenzabstand von Bäumen und Sträuchern. Nicht nur, dass zwischen den einzelnen Baumarten sorgfältig unterschieden wird. Auch Hecke ist nicht gleich Hecke. Ein Überblick über die wichtigsten Bestimmungen ergibt folgendes Bild für die Gärten innerhalb geschlossener Wohnbezirke.
Der Abstand bei **Hecken** hängt von der vorgesehenen Höhe der Pflanze ab. Der einfachste Fall: Wir lassen die Hecke nicht über 1,80 m Höhe wachsen, dann brauchen wir beim Pflanzen auch nur einen Abstand von 0,50 m einhalten. Dann ist es auch völlig gleichgültig, in welchem Maße die Heckenpflanze in die Breite geht; sie kann ganz dicht bis zur Grenze reichen. Anders dann, wenn die Heckenpflanze über 1,80 m hinauswachsen soll. (Diese Überlegungen müssen also schon beim Pflanzen angestellt werden.) Das Gesetz fordert in diesen Fällen, dass ein »entsprechend der Mehrhöhe« größerer Abstand eingehalten wird. Außerdem dürfen bei allen über 1,80 m hohen Hecken die Zweige in der Breite nicht bis zur Grenze wachsen. Vielmehr muss ein lichter Abstand zum Zaun bleiben. Das heißt in der Praxis: schneiden, schneiden, schneiden.
Der Anspruch auf das Zurückschneiden von Hecken verjährt nicht (§ 26 Abs. 3). Aber der Nachbar kann das Zurückschneiden nicht während der Wachstumsperiode verlangen. Vom 1. März bis 30. September eines jeden Jahres ist Ruhe.

Wenn wir uns weigern, die Hecke zurückzuschneiden, kann der Nachbar die Beseitigung verlangen. Dieser Anspruch verjährt allerdings binnen 5 Jahren. Die Verjährungsfrist beginnt mit dem 1. Juli nach der Pflanzung. Wer glaubt, er habe es jetzt begriffen, täuscht sich. Die Rede war bisher immer nur von Hecken. Eine Hecke besteht begrifflich aus mehreren Pflanzen. Wenn dieselbe Pflanze einzeln und nicht als Hecke gesetzt wird, fällt sie unter die »sonstigen Gehölze« im Sinne des § 16. Und für diese gelten völlig andere Abstandsregelungen. Bitte sorgfältig nachlesen!
Zu den »sonstigen Gehölzen« gehören auch die **Bäume.** Das Gesetz unterscheidet zwischen nieder-, mittel- und hochstämmigen Obstbäumen sowie zwischen mittelgroßen und hochwachsenden Laub- und Nadelbäumen. Wichtig ist dabei, dass für die in § 16 Abs. 1 Nr. 2 bis 4 aufgeführten Bäume der Abstand um die Hälfte ermäßigt wird, wenn sie innerhalb des geschlossenen Wohnbezirks stehen. Einzeln stehende, großwüchsige Bäume - ausgenommen Nadelbäume - dürfen gegenüber Grundstücken in Innerortslage mit einem Abstand von 6 m gepflanzt werden.

Bayern

Im Gegensatz zu dem Gesetz der Baden-Württemberger unterscheidet das bayerische Recht nicht zwischen den einzelnen Baum- und Straucharten. Ob es sich um eine Zwergkiefer oder einen Mammutbaum, eine Thuje oder einen Wacholder handelt: Es kommt lediglich auf die Höhe des Bewuchses an. Wachsen sie über 2 m hoch, muss ein Mindestabstand von 2 m eingehalten werden. Gedeihen sie dagegen nicht über 2 m (bzw. werden immer rechtzeitig zurückgeschnitten), dürfen sie auch auf 0,50 m an den Zaun gerückt werden.
Es gibt eine Ausnahme: wenn sich anschließend landwirtschaftlich genutzter Grund befindet. Aber auch nur dann, wenn die Ertragsfähigkeit dieses landwirtschaftlich genutzten Grundstücks durch den zu nahe stehenden Baum beeinträchtigt wird. Das kann also gelten für Gemüsekulturen und Getreidefelder, aber nicht für einfache Viehweiden. Die Sonderregelung gegenüber landwirtschaftlichen Grundstücken gilt außerdem nicht für Stein- und Kernobstbäume. Und auch dann nicht, wenn der

Nachbar-Landwirt auf die Idee einer qualifizierten Nutzung seines Grundstücks erst dann kommt, wenn unsere Gartenbäume schon die 2 m Höhe überschritten haben.
Wie der Abstand ermittelt wird, sagt Art. 49. Wer den Frieden wahren will, legt einige Zentimeter zu oder nimmt zumindest ein Maßband zur Hand. Sind die gesetzlich vorgeschriebenen Abstände nicht eingehalten worden und nimmt der Nachbar daran Anstoß, sind einige Fragen zu klären.
Wichtigste Frage: Ist der Anspruch auf Beseitigung schon verjährt? Kann auf andere Weise dem Anspruch auf Beseitigung entgegengetreten werden? Der Anspruch auf Beseitigung verjährt binnen 5 Jahren. Die Frist beginnt mit dem Ende des Kalenderjahres, in welchem die Verletzung erkennbar wird. Diese so harmlos klingende Formulierung hat es in sich. Wann ist die Verletzung erkennbar? Es gibt hierzu die Meinung, dass das Überschreiten des Grenzabstandes schon dann erkennbar sei, wenn z. B. eine Fichte in einem geringeren Abstand als 2 m von der Grenze gepflanzt wird. Schließlich sei schon zu diesem Zeitpunkt erkennbar, dass die Fichte höher als 2 m wachsen werde. Mit dem Pflanzakt beginne also die 5-jährige Verjährungsfrist zu laufen.
Werner Stadler hat dieser Auffassung mit überzeugenden Gründen widersprochen (»Die Verjährung von Ansprüchen auf Beseitigung oder Rückschnitt von Gewächsen nach bayerischem Nachbarrecht«, Bayerische Verwaltungsblätter 1990, Heft 1, S. 9 ff.). Er unterscheidet zwei Fallgruppen:

- Wenn im Abstand von 0-0,5 m gepflanzt wird, ist die Missachtung der Abstandsfläche schon mit dem Pflanzakt erkennbar. Die Verjährungsfrist beginnt zu diesem Zeitpunkt; der Nachbar kann sofort intervenieren.
- Wenn beim Pflanzen ein Abstand von 0,5-2 m eingehalten wird, entsteht ein Anspruch auf Beseitigung erst, wenn die Pflanze die Höhe von 2 m überschreitet. Erst dann wird der Gesetzesverstoß erkennbar. Infolgedessen kann auch erst in diesem Zeitpunkt die Verjährungsfrist in Gang gesetzt werden.

Selbst dann, wenn der Anspruch auf Beseitigung oder Zurückschneiden noch nicht verjährt ist, kann es dennoch sein, dass der Nachbar seine Ansprüche nicht durchsetzen kann. Und zwar dann, wenn die zuständige Gemeinde eine Baumschutzverordnung erlassen hat und der strittige Baum unter diese Schutzverordnung fällt. Es lohnt jeweils eine Anfrage bei der Gemeinde, ob eine Schutzverordnung existiert.

Berlin

Das Berliner Nachbarrechtsgesetz von 1973 ist durch das Gesetz über die Vereinheitlichung des Berliner Landesrechts vom 28. 9. 1990 (GVBl. Berlin S. 2119) »transferiert« worden. Es gilt jetzt also auch im ehemaligen Ost-Berlin. Das Gesetz ist einfach und verständlich und überzeugt daher. Da es in Berlin kaum Probleme mit der Landwirtschaft und keine mit dem Anbau von Hopfen und Rebstöcken gibt, konnte das Gesetz kürzer als in anderen Bundesländern gefasst werden.

Am einfachsten ist die Regelung bei **Hecken.** Wachsen sie über 2 m hoch, muss ein Abstand von 1 m eingehalten werden. Bleiben sie unter 2 m, dann genügt ein Abstand von 0,50 m.

Für **Sträucher** gilt das Einheitsmaß von 0,50 m Abstand.

Bei **Bäumen** wird differenziert zwischen stark wachsenden (Abstand 3 m; die namentliche Nennung einzelner Baumarten in § 27 Ziff. 1a ist beispielhaft und nicht abschließend) sowie nicht hochstämmigen Obstbäumen (Abstand 1 m) und allen anderen Bäumen (1,50 m). Zu diesen »allen anderen« gehören hochstämmige Obstbäume ebenso wie alle Nadel- und Laubbäume, soweit sie nicht unter Ziff. 1 a fallen.

Dem Beseitigungsanspruch des Nachbarn kann mit dem Zurückschneiden der Pflanze begegnet werden. Der Nachbar hat also keinen absoluten Anspruch auf Beseitigung.

Der Anspruch auf Beseitigung ist mit Ablauf des fünften auf das Anpflanzen folgenden Kalenderjahres ausgeschlossen.

Die Vorschriften über den Grenzabstand von Bäumen und Sträuchern gelten auch für wild wachsende Pflanzen.

Brandenburg

Das Nachbarrechtsgesetz von Brandenburg appelliert sehr eindringlich an die Grundstücksnachbarn, zur Vermeidung und Beilegung von Konflikten verantwortungsbewusst zusammenzuwirken. Dies ist kein leerer Appell. Das Gesetz steht vielmehr überwiegend unter dem Vorbehalt, dass sich Nachbarn einvernehmlich auf gute Beziehungen einigen. Das Berliner Nachbarrechtsgesetz von 1973 dient dabei als Vorbild.

Hinsichtlich des Grenzabstandes für Bäume, Sträucher und Hecken hat man sich im Grundsatz den Regelungen von Schleswig-Holstein angenähert. Gerade für kleinere Grundstücke soll damit eine bessere gärtnerische Nutzung und Gestaltung ermöglicht werden. In der amtlichen Begründung zum Gesetzesentwurf heißt es dazu: »Angesichts fortschreitender Verdichtung in den Baugebieten treten ökologische Gesichtspunkte mehr in den Vordergrund und verlangen nach stärkerer Begrünung der Freiflächen. Im übrigen ist die Regelung einfach zu handhaben, weil sie für Obstbäume und sonstige Bäume jeweils klare Grenzabstände festlegt sowie im übrigen auf die regelmäßige Wuchshöhe abstellt.«

Diese klare Regelung des Gesetzes wird konsequent fortgesetzt: Anpflanzungen, die hinter einer geschlossenen Einfriedung vorgenommen werden und diese nicht überragen, sind unbeschränkt zulässig, da sie niemanden stören. Und wenn ein Anspruch auf Beseitigung der Anpflanzung besteht, weil der gesetzlich vorgeschriebene Mindestabstand nicht eingehalten wurde, dann kann diesem Anspruch durch Zurückschneiden der Pflanze begegnet werden.

In den Übergangsvorschriften wird festgelegt, dass kein Anspruch auf Beseitigung besteht, wenn die vorhandene Anpflanzung dem bisherigen Recht entsprach.

Bremen

In Bremen scheint die Welt der Gartenbesitzer noch heil zu sein. Es gibt kein Nachbarrechtsgesetz. Der Bremer Senat sieht bewusst von einer gesetzlichen Regelung ab. Bei der Enge der Stadt und der Kleinheit der Parzellen fürchtet er, dass bei der Festlegung des notwendigen Mindestabstandes weniger Bäume gepflanzt werden dürfen, als ökologisch erwünscht ist. Die Bremer Bürger vertragen sich offensichtlich auch ohne gesetzlich festgelegten Mindestabstand.

Hamburg

Ebenso wie in Bremen gibt es in Hamburg keine gesetzliche Regelung des Nachbarrechts. Es fehlen daher auch Bestimmungen über den Grenzstabstand von Bäumen und Sträuchern.
§ 86 Abs. 2 der Hamburgischen Bauordnung vom 10. 12. 1968 bestimmte lediglich, dass »**Hecken** an der Grenze benachbarter Grundstücke« die Höhe von 1,80 m nicht überschreiten dürfen. Das hatte aber nichts mit dem Grenzabstand des Nachbarrechts zu tun. Die Bauordnung gehört vielmehr dem öffentlichen Recht an. Die Durchsetzung ihrer Vorschrift ist einzig und allein Sache der öffentlichen Verwaltung. In der seit 1. 7. 1986 geltenden Neufassung der Bauordnung ist der § 86 Abs. 2 ersatzlos gestrichen worden. Der Senat der Hansestadt ist aber der Auffassung, dass aus der früheren Regelung des Baurechts inzwischen Gewohnheitsrecht geworden ist. Mit der Folge, dass Hecken an der Grenze benachbarter Grundstücke nicht über 1,80 m hinaus wachsen dürfen.
Das liegt im Rahmen der Rechtsprechung. Das ***Landgericht Hamburg*** hat sich 1962 in einem Urteil dafür ausgesprochen, dass in Ausnahmefällen in dem gar zu üppigen Wachstum hoher **Bäume** und **Sträucher** ein Verstoß gegen das nachbarrechtliche Gemeinschaftsverhältnis gesehen werden kann (Urteil vom 20. 7. 1962, Monatsschrift für Deutsches Recht 1963, S. 50).
Unter Berufung auf den Bundesgerichtshof kam das ***Landgericht Hamburg*** zu der Meinung, dass sich aus dem nachbarrechtlichen Gemeinschaftsverhältnis eine Rechtspflicht zu gegenseitiger Rücksichtnahme ergäbe. Das Recht, einen Baum zu pflanzen, könne dann ausnahmsweise eingeschränkt werden, wenn es gegen Treu und Glauben und damit auch gegen das Gebot der nachbarschaftlichen Rücksichtnahme verstoße. (Der Kläger hatte behauptet, dass durch einen 8 m von der Grenze entfernt stehenden Ahornbaum die Licht-

verhältnisse in seinem Wohnzimmer beeinträchtigt würden. Das Landgericht sah darin keinen Verstoß gegen die nachbarschaftliche Rücksichtnahme und wies die Klage ab.)

Hessen

Das hessische Gesetz ist ein Musterbeispiel für eine klare und auch für den Laien verständliche Regelung. Es unterscheidet zwischen Allee- und Parkbäumen, Obstbäumen, Ziersträuchern, Beerenobststräuchern und Hecken.

Nur bei den **Hecken** wird auch die Höhe bestimmt. Aus der zulässigen Höhe ergibt sich der jeweilige Abstand von 0,25, 0,50 oder 0,75 m. Bei Allee- und Parkbäumen, bei Obstbäumen und bei Ziersträuchern wird jeweils unterschieden zwischen sehr stark und stark wachsenden Pflanzen. Die tatsächlich erreichte oder erwartete Höhe spielt darüber hinaus keine Rolle. Bei einer Rotbuche muss zum Beispiel ein Abstand von 4 m eingehalten werden; bei einer Fichte (Rottanne) reichen 2 m. Und ein Brombeerstrauch muss sich 1 m von der Grenze entfernt halten. Für alle anderen Beerenobststräucher reichen 0,50 m.

Die Berechnung des Abstandes gilt gleichermaßen für **Bäume** und **Sträucher.**

Wenn trotz dieser klaren Gesetzessprache die vorgeschrieben Abstandsflächen nicht eingehalten wurden, dann hat der Nachbar einen Anspruch auf Beseitigung. Die Klage auf Beseitigung muss binnen 5 Jahren nach dem Anpflanzen erhoben werden. Danach bestehen keinerlei Ansprüche mehr (§ 43 Abs. 1 Satz 2 Hessisches Nachbarrechtsgesetz). Das gilt nach Auffassung des ***Oberlandesgerichts Frankfurt*** nicht nur für die Beseitigung einer Hecke, sondern auch für das Verlangen, die Hecke zurückzuschneiden (Urteil vom 7. 11. 1996, Neue Juristische Wochenschrift - Rechtsprechungsreport 1997, S. 657). Da das Gesetz ausdrücklich von »Anpflanzungen« spricht, die eventuell beseitigt werden müssen, gilt ein solcher Anspruch nicht für Wildlinge.

Dagegen gilt diese Ausschlussfrist nicht für Hecken, die zwar den vorgeschrieben Abstand gewahrt haben, aber über die zulässige Höhe hinaus-

gewachsen sind. In diesen Fällen kann der Nachbar das Zurückschneiden auch nach Ablauf von 5 Jahren noch verlangen.
So einfach ist das in Hessen. Aber auch diese gesetzliche Regelung setzt natürlich botanische Grundkenntnisse voraus. Man muss schon wissen, welcher Parkbaum sehr stark und welcher nur stark wächst.

Niedersachsen

Das niedersächsische Gesetz macht überhaupt keinen Unterschied zwischen den einzelnen Baum- und Straucharten, und ähnelt damit der bayerischen Regelung. Ob es sich um eine Heckenpflanze handelt oder um einen Mammutbaum, um einen Nussbaum oder eine Zwergkiefer: Alle werden gleich behandelt. Auch die Niedersachsen haben also Mut zur Vereinfachung. Wer sich noch an die Bestimmungen in Baden-Württemberg erinnern kann, wird diese Vereinfachung als wohltuend empfinden. Dennoch gibt es auch in Niedersachsen verschiedene Mindestabstände. Das Gesetz stellt ausschließlich auf die Höhe eines Baumes oder Strauches ab, differenziert dabei aber stärker als die Bayern. Bei einer Höhe bis zu 1,25 m beträgt der Mindestabstand 0,25 m. Und steigert sich dann stufenweise bis zu 8 m Abstand bei einer Höhe von 15 m. Kastanie, Buche oder Pappel müssen also in einem respektvollen Abstand von 8 m gepflanzt werden. Damit fordern die Niedersachsen sehr viel mehr Abstand als z. B. die Bayern, die sich selbst beim Mammutbaum mit 2 m Abstand begnügen. Wenn trotz dieser verständlichen Gesetzessprache die Mindestabstände nicht eingehalten wurden, kann der Nachbar das Zurückschneiden der Bäume und Sträucher auf das festgelegte Maß verlangen. Er kann dagegen nicht die Beseitigung des Baumes fordern. Diese Möglichkeit hat er nur ausnahmsweise, wenn nicht einmal der geringste der Mindestabstände (0,25 m) eingehalten wurde. Dann kann er die Beseitigung verlangen, sich aber auch mit dem Herunterschneiden begnügen. Die Niedersachsen wollen offensichtlich keinen Streit. Wählt der Nachbar den Beseitigungsanspruch, dann hat er Pech, wenn er die entsprechende Klage nicht spätestens in dem fünften auf die Einpflanzung folgenden Jahr erhoben hat. In diesem Fall kann er allerdings auch nach Ablauf der Fünf-

jahresfrist noch das Zurückschneiden fordern. In allen anderen Fällen (der Abstand beträgt mehr als 0,50 m, entspricht aber nicht den gesetzlichen Anforderungen) besteht nur der Anspruch auf Zurückschneiden, der binnen 5 Jahren nach Überschreiten der gesetzlichen Höchstgrenze geltend gemacht werden muss. Nach Ablauf der Ausschlußfrist kann der Nachbar vom Eigentümer verlangen, die Anpflanzung durch jährliches Beschneiden auf der jetzigen Höhe zu halten.
Das Gesetz bestimmt ausdrücklich, dass diese Abstandsregelung mit ihren Folgen auch für Wildlinge gilt.

Nordrhein-Westfalen

Dem Gartenfreund in Nordrhein-Westfalen ist ebenfalls dringend zu raten, vor Beginn der Pflanzaktion einen Kurs in Botanik zu absolvieren. Es ist verwunderlich, wie selten es die Gesetzgeber schaffen, gleiche Sachverhalte ähnlich zu regeln. Vergleichbar mit dem Land Baden-Württemberg ist es auch Nordrhein-Westfalen gelungen, die Probleme möglichst unverständlich zu behandeln.
Fangen wir mit dem einfachsten Problem an, dem Anpflanzen von **Hecken.** Das Gesetz unterscheidet hierbei nicht zwischen den einzelnen Pflanzenarten. Hecke ist gleich Hecke, entscheidend ist nur die vorgegebene Höhe. Bei der Höhe bis zu 2 m ist ein Abstand von 0,50 m einzuhalten, bei höheren Hecken 1 m. Der ***Bundesgerichtshof*** musste sich mit der Frage befassen, ob man nur dann von einer Hecke sprechen darf, wenn sie schon beim Anpflanzen mit den Nachbarpflanzen Tuchfühlung aufnimmt. Das hat der Bundesgerichtshof verneint. Ausreichend ist, wenn sich im Laufe der Jahre durch das natürliche Wachstum eine Hecke bildet.
Bei **Bäumen** wird wie in vielen anderen Landesgesetzen unterschieden zwischen stark wachsenden Bäumen (4 m Grenzabstand; die Aufzählung im Gesetz ist nur beispielhaft) und allen übrigen Bäumen (2 m), soweit sie nicht Obstbäume sind.
Außerdem unterscheidet das Gesetz zwischen stark wachsenden **Ziersträuchern** (1 m) und »allen übrigen Ziersträuchern« (0,50 m). Und schließlich eine detaillierte Regelung für Obstbäume, Brombeersträucher und al-

len übrigen Beerenobststräuchern. Die Beiziehung eines Fachmannes lohnt sich. Für Ziersträucher und Beerenobststräucher gilt noch die Besonderheit, dass sie in ihrer Höhe den dreifachen Abstand zum Nachbargrundstück nicht überschreiten dürfen.
Der Nachbar kann auf die Beseitigung unvorschriftsmäßig gepflanzter Bäume, Sträucher und Hecken nur binnen 6 Jahren klagen. Die Frist beginnt mit dem Zeitpunkt des Anpflanzens. Das klingt sehr einfach. Seit dem Beschluss des ***Landgerichts Münster*** vom 18. 7. 1990 (AZ: 8 S 488/89) ist das aber gar nicht mehr so eindeutig, wie es geschrieben steht. Folgender Fall:
Der Beklagte hatte seine Hecke entgegen der Vorschrift des § 42 Ziffer b näher als 0,50 m an die Grenze gesetzt. Der Nachbar monierte aber erst, als die Hecke die Höhe von 2 m überschritten hatte. Da war die Ausschlussfrist von 6 Jahren bereits abgelaufen. Das Landgericht gab dem Kläger dennoch Recht, denn es sei ein neuer Beseitigungsanspruch entstanden, als die Hecke die Höhe von 2 m überschritt. Und für diesen neuen Anspruch sei auch eine neue Ausschlussfrist in Gang gesetzt worden.

Rheinland-Pfalz

Das Recht von Rheinland-Pfalz nimmt bei der Abstandsregelung sehr viele Differenzierungen vor.
Leicht verständlich sind die Bestimmungen für **Hecken.** Es kommt ausschließlich auf die Höhe der Hecke an. Bis zu 1 m Höhe beträgt der Abstand 0,25 m; bis zu 1,50 m 0,50 m; bis zu 2,0 m 0,75 m. Mit Hecken über 2,0 m Höhe einen um das Maß der Mehrhöhe größeren Abstand. Es ist völlig unerheblich, um welche Art Heckenpflanze es sich handelt.
Anders bei den **Bäumen.** Da sind zunächst die Obstbäume auszuscheiden, für die eine gesonderte Regelung gilt. Handelt es sich um Kernobstbäume auf schwach wachsenden Unterlagen, dann gilt ein Abstand von 1,50 m. Werden dagegen Kernobstbäume auf stark wachsenden Unterlagen gepflanzt, dann muß ein Abstand von 2 m eingehalten werden.
Bei allen anderen Bäumen (also mit Ausnahme der Obstbäume) wird zwischen sehr stark und nur stark wachsenden sowie den restlichen Bäumen

unterschieden. Das Gesetz gibt für beide Gruppen beispielhafte Aufzählungen. Die tatsächlich erreichte Höhe ist bei der rheinland-pfälzischen Lösung uninteressant.
Bei **Sträuchern** wird zwischen Zier- und Beerenobststräuchern unterschieden, da für beide Gruppen andere Wachstumsbedingungen gelten.
Da Baumschulbestände und Weihnachtsbäume bestimmungsgemäß nach einigen Jahren wieder entfernt werden, also nie ihre optimale Höhe erreichen, wendet hier das Gesetz die für Hecken gültige Regelung an: Der Abstand wird von der jeweiligen Höhe abhängig gemacht.
Der Anspruch auf Beseitigung zu eng an die Grenze gesetzter Pflanzen ist ausgeschlossen, wenn der Nachbar nicht innerhalb von 5 Jahren nach dem Anpflanzen Klage erhoben hat.
Wichtig ist dabei, dass die Hecke stets den Charakter einer Hecke behält. Das *Landgericht Saarbrücken* kommt im Urteil vom 3. 2. 1988 (Natur und Recht 1990, S. 46) zu dem Ergebnis, dass aus einer ursprünglichen Fichtenhecke eine Baumreihe im Sinne des § 44 Abs. 1 werden kann, wenn die Pflanzen eine Höhe von 4 oder 6 m erreichen. Das Landgericht beruft sich dabei auf die Unterscheidung zwischen Schnitt- und Formhecken in § 45 Abs. 2 des Gesetzes. Fichten könnten als sehr stark wachsende Bäume nur durch ständiges Schneiden den Charakter einer Hecke bewahren. Würde das unterlassen, dann würden aus den Hecken Bäume. Mit der Charakteränderung beginne dann auch eine neue Ausschlussfrist.
Diese Entscheidung erging zum Nachbarrechtsgesetz des Saarlandes. Sie ist aber auch hier von Bedeutung, da die Nachbarrechtsgesetze der beiden Länder übereinstimmen. Inzwischen hat das *Landgericht Zweibrücken* diese Auffassung für Rheinland-Pfalz mit Urteil vom 30. 9. 1997 ausdrücklich bestätigt (Monatsschrift für Deutsches Recht 1997, S. 1119).

Saarland

Das saarländische Nachbarrechtsgesetz hat wörtlich die gesetzliche Regelung von Rheinland-Pfalz übernommen (es gibt einige unbedeutende Abweichungen in der Formulierung). Es kann daher auf die Anmerkungen zu Rheinland-Pfalz verwiesen werden.

Sachsen

Das Sächsiche Nachbarrechtsgesetz beweist, dass auch Gesetzgeber bisweilen lernfähig sind. Noch knapper und klarer konnten die Probleme kaum geregelt werden. Beim Grenzabstand wird nicht zwischen Bäumen, Sträuchern und Hecken unterschieden. Der Nachbar kann vielmehr verlangen, dass Pflanzen jeglicher Art über 2 m Höhe mindestens 2 m von der Grundstücksgrenze entfernt stehen müssen. Bei allen anderen Pflanzen ist ein Mindestabstand von 0,5 m einzuhalten. Sind die Pflanzen über diese gesetzlich zulässigen Höhen hinausgewachsen, kann der Nachbar den Rückschnitt oder die Beseitigung verlangen - aber nur binnen 5 Jahren nach Überschreiten der Grenzen. Und der Rückschnitt braucht nicht in der Zeit vom 1. März bis 30. September vorgenommen zu werden.

Sachsen-Anhalt

Sachsen-Anhalt hat sein neues Nachbarrechtsgesetz fast auf den Tag genau wie das Land Sachsen verabschiedet. Beim Vergleich der beiden Gesetze wird erkennbar, dass die Verfasser der Entwürfe miteinander Kontakt hatten. Die »Sachsen« haben gegenüber den »Sachsen-Anhaltern« eine knappere Sprache bevorzugt. In der Sache sind die gesetzlichen Regelungen miteinander vergleichbar.

Beim Grenzabstand von Bäumen und Sträuchern wird in Sachsen-Anhalt ebenso wie in Sachsen nicht auf die Klassifizierung der Pflanzen abgestellt. Ausschlaggebend ist lediglich die Wuchshöhe. Im Gegensatz zu Sachsen führt die Höhe aber nicht zu einer stärkeren Differenzierung des Grenzabstandes.

Zur Vermeidung von Konflikten haben die Sachsen-Anhalter nicht nur an »Nachbar und Eigentümer« gedacht, sondern auch an »Nachbarin und Eigentümerin«.

Schleswig-Holstein

Im Vergleich zu anderen Bundesländern hat Schleswig-Holstein eine sehr eigenwillige, aber auch sehr sinnvolle Regelung getroffen. Insbesondere ist Schleswig-Holstein nicht der Versuchung erlegen, für nahezu jede Baum- und Strauchart einen besonderen Grenzabstand vorzuschreiben. Der Gesetzgeber hat viel mehr Mut zur Vereinfachung gezeigt. Mit der Folge, dass auch Nicht-Botaniker das System des Gesetzes begreifen können.

Erste Grundregel des Gesetzes: Es wird nicht zwischen Bäumen, Sträuchern und Hecken unterschieden. Für alle drei Gruppen gelten die gleichen Vorschriften.

Zweite Grundregel: Für Pflanzen bis zu einer Höhe von 1,20 m gibt es keine Vorschrift über den Mindestabstand. Wenn also eine höherwüchsige Pflanze zurückgeschnitten werden kann und auch tatsächlich auf 1,20 m zurückgeschnitten wird, kann es keine Probleme mit dem Nachbarn geben.

Dritte Grundregel: Alle Pflanzen, die über 1,20 m hoch sind, müssen einen Abstand einhalten, der mindestens einem Drittel seiner Höhe entspricht. Ist ein Baum 6 m hoch, beträgt also der Mindestabstand 2 m. Und zwar gilt das für jeden Teil des Baumes. Das bedeutet: Ein Zweig in Höhe von 1,20 m über dem Erdboden darf nicht näher als 40 cm an die Grenze herankommen.

Diese Regelung zwingt jeden Garteneigentümer, sich vor dem Anpflanzen über die voraussichtliche Entwicklung des Baumes und Strauches zu informieren. Ohne ein Mindestmaß an botanischen Kenntnissen geht es also auch in Schleswig-Holstein nicht. Aber ohne dieses Mindestmaß sollte man überhaupt die Finger vom Anpflanzen lassen.

Die Vorschrift des § 37 gilt nicht für solche Hecken, die als gemeinschaftliche Einfriedigung auf der Grenze angepflanzt werden, siehe § 39 Ziffer 5.

Das Gesetz spricht von »Anpflanzungen«. Daraus ist zu schließen, dass für Wildlinge keine Abstandsregelung gilt.

Wurden die Abstandsregelungen nicht beachtet oder hat sich die Pflanze über die vorgesehenen Maße entwickelt, kann der Nachbar nicht die Beseitigung des Baumes oder Strauches verlangen. Aber er kann das Zurückschneiden auf die vorgesehene Höhe und den vorgeschriebenen Ab-

stand fordern. Mit Rücksicht auf die Vegetationszeit braucht nur in der Zeit vom 1. Oktober bis Ende Februar der Rückschnitt vorgenommen werden. Der Anspruch des Nachbarn auf Zurückschneiden unterliegt nicht der Verjährung; es gilt für ihn vielmehr eine Ausschlussfrist von 2 Jahren. Die Frist beginnt in dem Jahr, in dem die vorgeschriebene Höhe oder der vorgeschriebene Abstand überschritten wurde. Bis Ende des zweiten darauffolgenden Kalenderjahres muss Klage auf Zurückschneiden erhoben werden, sonst ist der Anspruch ausgeschlossen. Beispiel: Im Sommer 1984 wächst der strittige Baum über die vorgesehenen Dimensionen hinaus. Er wird dennoch nicht zurückgeschnitten. Der Nachbar muss dann vor Ablauf des Jahres 1986 Klage erheben.
Eine vorbildliche gesetzliche Regelung.

Thüringen

Erste Feststellung: Das Nachbarrechtsgesetz des Freistaates Thüringen ist am 1. 1. 1993 in Kraft getreten. Mit diesem Termin wird alles entgegen stehende oder auch gleich lautende Recht aufgehoben. Diese Feststellung ist sehr wichtig, da es häufig sehr schwer festzustellen war, welches Recht in den neuen Bundesländern aus früheren Zeiten galt. Für Thüringen also kein Zweifel mehr: Frühere gesetzliche Regelungen des Nachbarrechts gelten seit 1. 1. 1993 nicht mehr.
Zweite Feststellung: Die vor dem 1. 1. 1993 vorgenommenen Anpflanzungen bleiben weiterhin rechtmäßig, wenn sie dem bisherigen Recht entsprechen. Wenn sie dagegen weder mit den Vorschriften der Vergangenheit noch mit den Regelungen des neuen Gesetzes zu vereinbaren sind, konnte der Nachbar bis zum 31. 12. 1994 Klage auf Beseitigung erheben. Versäumte der Nachbar eine solche Klage, war nach Ablauf der Frist ein Beseitigungsanspruch ausgeschlossen (Rechtsfrieden!).
Dritte Feststellung: Das Nachbarrechtsgesetz von Thüringen hält sich fast wortwörtlich (einschließlich der Numerierung der Paragraphen) an die Regelung in Rheinland-Pfalz. Es kann also auf die Kommentierung zum Nachbarrechtsgesetz von Rheinland-Pfalz verwiesen werden. Da das Saarland sich ebenfalls auf das Gesetz von Rheinland-Pfalz stützt, haben wir nun in

drei Bundesländern übereinstimmende Regelungen zum Grenzabstand von Bäumen und Sträuchern. Zum Anspruch auf Beseitigung einer unzulässigen Anpflanzung löst sich Thüringen vom Vorbild Rheinland-Pfalz. Der thüringische Weg (Anspruch auf Rückschnitt in der Zeit vom 1. Oktober bis 15. März) ist sehr sinnvoll.

Grenzbaum

Wird der Baum auf die Grundstücksgrenze gesetzt, entsteht ein Grenzbaum. Gleichgültig, ob die Grenzlinie den Baum genau halbiert oder ungleichmäßig teilt.
Meist kommt man dadurch zu einem Grenzbaum, dass zunächst der Baum stand und erst später die Grundstückslinie festgelegt wurde. Die Folgen können gleichermaßen unangenehm sein. So ein Grenzbaum führt nämlich zu einer Zwangsgemeinschaft, die den Grundstücksnachbarn meist gar nicht bewusst ist. Ausgangspunkt ist die Frage, wer eigentlich der Eigentümer eines solchen Grenzbaumes ist. Gemäß § 94 BGB gehören Bäume zu den wesentlichen Bestandteilen eines Grundstücks. Der Eigentümer des Grundes ist also gleichzeitig Eigentümer des auf seinem Grundstück stehenden Baumes. Wie ist es dann beim Grenzbaum, der auf zwei Grundstücken steht? Geht dann das Eigentum senkrecht durch den Baum? Gehört etwa die eine Seite des Baumes meinem Nachbarn und die andere Seite mir, jeweils zu Alleineigentum? – Das kann und darf nicht sein, denn es würde zu völlig unpraktikablen Lösungen führen.
Aus der Patsche hilft uns § 93 BGB, der bestimmt, dass wesentliche Bestandteile einer Sache nicht Gegenstand besonderer Recht sein können. Das trifft auf den Grenzbaum zu. Die Lösung lautet: Der Grenzbaum steht im Miteigentum der beiden Grundstücksnachbarn. Für die Verwaltung dieses gemeinsamen Eigentums sind die Vorschriften des BGB über die Gemeinschaft anzuwenden. Und schon sind wir bei der Zwangsgemeinschaft, von der ich sprach. Dass sich daraus Konflikte ergeben können, liegt auf der Hand. Das BGB versucht in § 923 (»Grenzbaum«), diese Konflikte zu lösen. Es wird kaum einen Grenzbaum geben, der durch die Grenzlinie exakt in zwei gleiche Hälften geteilt wird. Dennoch bestimmt § 923, dass die Früchte des Grenzbaums den beiden Nachbarn zu gleichen Teilen gehören. Es ist also nicht wichtig, wie viele Früchte über das Grundstück des Nachbarn A oder des Nachbarn B hängen. Das BGB lehnt eine Quotenregelung ab.

Wenn der Baum gefällt wird, gehört er ebenfalls den Nachbarn **zu gleichen Teilen**. Es spielt dabei überhaupt keine Rolle, wer zu Lebzeiten des Baumes den größeren Anteil des Baumstammes in seinem Grundstück beherbergte.

Das ***Oberlandesgericht München*** hat in einem Urteil vom 10. 6. 1992 (Agrarrecht 1994, Seite 27) Klarheit geschaffen:

Es handelt sich immer dann um einen Grenzbaum, wenn er da, wo er aus der Erde tritt, von der Grenze durchschnitten wird. Auf die Wurzelung kommt es also nicht an. Und die so genannte normale Hiebstelle spielt auch keine Rolle.

Ein Grenzbaum kann bisweilen von einem der Nachbarn als sehr störend empfunden werden. Weil er z. B. Licht entzieht oder auf das Haus zu stürzen droht.

Dafür legt § 923 Abs. 2 BGB die Regeln fest:

§

»Jeder der Nachbarn kann die Beseitigung des Baumes verlangen. Die Kosten der Beseitigung fallen den Nachbarn zu gleichen Teilen zur Last. Der Nachbar, der die Beseitigung verlangt, hat jedoch die Kosten allein zu tragen, wenn der andere auf sein Recht an dem Baum verzichtet; er erwirbt in diesem Falle mit der Trennung das Alleineigentum.«

Wichtig ist dabei, dass die eigenmächtige Beseitigung eines Grenzbaumes ohne Einwilligung des Nachbarn unzulässig ist. Sollte der Nachbar nicht einverstanden sein, bleibt nur der Weg der Klage.

Darüber urteilte das ***Landgericht München II*** am 10. 12. 1974 (Neue Juristische Wochenschrift 1976, S. 973):

§

»Die Beseitigung eines Grenzbaumes ist gegen den Willen des Nachbarn nur dann zulässig, wenn dieser rechtskräftig zur Beseitigung verurteilt ist.«

Hat der Nachbar dagegen dem Fällen des Baumes zugestimmt, kann er sich von seiner Kostenpflicht dadurch befreien, dass er auf seine Rechte verzichtet. Eine sehr zweckmäßige Regelung, denn häufig stehen die Kosten in keinem Verhältnis zum anteiligen Nutzwert des Holzes. Außerdem kann man mit einem solchen Verzicht dem Nachbarn, der lediglich aus Bosheit die Entfernung des Grenzbaumes verlangt, die Freude etwas vergällen.
Eine Anmerkung ist noch wichtig: Die Vorschriften über Grenzbäume gelten entsprechend für **Sträucher**, die auf der Grenze stehen (§ 923 Abs. 3 BGB).

Grillen

Zu einem zünftigen Gartenfest gehört angeblich auch das Grillen. Im eigenen Garten wird es durch kein Gesetz und auch durch keine städtische Satzung verboten. Dennoch muss auch hierbei auf die Nachbarschaft Rücksicht genommen werden. Nicht jeder Nachbar ist über die beim Grillen entstehenden Gerüche begeistert. »Fünfmal pro Jahr« etwa erlaubte das Bayerische Oberste Landesgericht das Grillen in einer Wohnanlage in Garmisch-Partenkirchen, aber möglichst nur »am äußersten Ende des Gartens« (AZ: 2 ZBR 6/99). Dreimal pro Sommer, so entschied ein Richter am Landgericht Stuttgart (10 T 359/96), muss diese Art der »Rückbesinnung auf die Natur« erlaubt sein. Aber nur für zwei Stunden. Das Bonner Amtsgericht gestattet Rauch, Fett- und Bratendünste auf Balkon und Terrasse einmal im Monat, wenn der Nachbar 48 Stunden vorher gewarnt wird (AZ: 6 C 545/96). Zitiert nach »Stern« vom 19. 7. 2001. Der »Stern« gibt dabei einen kurzen Überblick über die Kulturgeschichte des Grillens:

§

> »Über Tausende von Jahren war das Grillen ein Privileg der Mächtigen. Nur sie konnten es sich leisten, wertvolles Fett ungenutzt in die Glut tropfen zu lassen. Bis zum Ende des 19. Jahrhunderts war der Verzehr von Fleisch im niederen Volk eher Ausnahme als Regel. Außer in Amerika: Dort grillten französische Trapper schon im 17. Jahrhundert Bisons und nannten das Ganze barbe-à-queue – vom Bart bis zum Schwanz.«

Das ***Oberlandesgericht Düsseldorf*** kam im Beschluss vom 26. 5. 1995 (Neue Zeitschrift für Verwaltungsrecht 1995, S. 1034) zu folgendem Ergebnis:

§

»Dringt der beim Grillen im Freien entstehende Qualm in die Wohn- und Schlafräume unbeteiligter Nachbarn in konzentrierter Weise ein, so stellt dies eine erhebliche Belästigung durch verbotenes Verbrennen von Gegenständen im Sinne des § 7 Abs. 1 Nr. 1 des Immissionsschutzgesetzes von Nordrhein-Westfalen dar.«

In Extremfällen kann also auch ein Bußgeld fällig werden.
Grillen ist nicht ungefährlich. Es gibt keine Statistik über die Verbrennungen durch unsachgemäßes Grillen. Aber die Hautkliniken können viel darüber erzählen. Außerdem kann Grillfleisch ein gesundheitliches Risiko bedeuten: Wenn Fett ins Feuer tropft, werden Benzpyrene produziert, stark krebserzeugende Substanzen. Achten Sie daher darauf, nur solche Grillgeräte zu benutzen, bei denen die Glut seitlich gelagert ist. So wird mit Sicherheit verhindert, dass Fett vom Fleisch in die Glut tropft.
Bevor ein Gartenbesitzer die Ärmel hochkrempelt und den Grill in Betrieb nimmt, sollte er sich bei seiner Gemeinde über die bestehenden Verordnungen erkundigen. Häufig gibt es detaillierte Regelungen über das »Wo und wann«. Wer seine Nachbarn einräuchert, muss unter Umständen mit einer Geldbusse rechnen.
Der Stadtbrandinspektor der Feuerwehr Passau, Dieter Schlegel, gibt zehn Ratschläge zum richtigen Verhalten rund um das Grillfeuer.

1. **»Nur keine Eile«:** So lautet die erste Devise beim Grillen. Die Holzkohle braucht mindestens 30 Minuten, bis sie die optimale Temperatur erreicht hat. Und diese erkennt man am weiß-grauen Überzug der Holzkohle.

2. **Grill windgeschützt aufstellen:** So wird verhindert, dass der Wind Asche aufwirbelt oder Funken in die Umgebung sprüht.

3. **Nur spezielle Grillanzünder verwenden:** Niemals Spiritus oder Benzin benutzen - es besteht Explosionsgefahr. Auch in die erhitzte Grillkohle sollte man diese Stoffe nicht schütten. Des weiteren haben Höl-

zer, Kiefernzapfen oder Zeitungspapier auf dem Grill nichts zu suchen.

4. **Vorzug für Grillschalen:** Die nützlichen Helfer schützen das Grillgut vor dem schädlichen Kohlenstaub und der Flamme.

5. **Besserer Duft durch Kräuter:** Wer getrocknete Kräuter à la Rosmarin oder Thymian in die Glut streut, verfeinert nicht nur den Duft in Grillnähe, sondern sogar das Aroma der Speisen.

6. **Sicherheitsabstand für Zündquellen:** Grill, Kerzen oder Lampions sollten in ausreichendem Abstand von brennbaren Gegenständen aufgestellt werden. Der spezielle Tip: Nur nicht-brennbare Dekorationen verwenden.

7. **Kinder beobachten:** Den kleinen Grillfreunden sollte die besondere Aufmerksamkeit gelten.

8. **Keine heiße Asche in den Müll:** Niemals Asche in Pappkartons, Kunststoffbehälter oder andere nicht-feuerfeste Behältnisse schütten. Verborgene Glutteile können noch nach Stunden zünden.

9. **Löschmittel bereitstellen:** Als erste Hilfe empfiehlt sich ein Eimer mit Wasser. Besser: der Feuerlöscher. Denn: Fettbrände dürfen nicht mit Wasser gelöscht werden, da sich heißes Fett und verdampfendes Wasser explosionsartig verteilen.

10. **Feuerwehr alarmieren:** Im Notfall nicht vor einem Anruf (Nummer 112) scheuen.

Grüne Wände - Ranken an der Hauswand des Nachbarn

Wer Kletterpflanzen an der Fassade des Nachbarhauses hochziehen will, muss vorher den Nachbarn fragen. Das wird jedem sofort einleuchten, wenn es sich um Schlingpflanzen handelt, die beim Klettern auf die Unterstützung von Gerüsten angewiesen sind. So zum Beispiel bei Knöterich *(Fallopia aubertii)*, Hopfen, Waldrebe *(Clematis)* und bisweilen auch beim Wilden Wein *(Parthenocissus)*. Um die Gerüste anzubringen, müssen Löcher in das Mauerwerk gebohrt und Dübel angebracht werden. Dass der Eigentümer in solchen Fällen gefragt werden will, ist ganz selbstverständlich. Und die Sache mit dem Knöterich sollte man ohnehin ganz schnell vergessen, denn diese Pflanze überprüft eher als geahnt die Standfestigkeit der Dachziegeln.

Die Einwilligung des Nachbarn muss aber selbst dann eingeholt werden, wenn keine Klettergerüste notwendig sind. Zum Beispiel beim Efeu und häufig auch beim Wilden Wein. Wenn bei diesen Pflanzen über das Ausmaß der tatsächlichen oder angeblichen Belästigung diskutiert wird, bilden sich sehr schnell Fronten. Die einen behaupten, dass die Haftwurzeln der selbst kletternden Pflanzen das Mauerwerk angreifen und letztlich zerstören würden. Außerdem könnten die Mauern hinter den Pflanzen nicht richtig trocknen und die Wohnungen würden dadurch feucht. Schließlich müsse man auch an das Ungeziefer denken, das durch die Grüne Wand in die Wohnungen gelockt werde.

Die Freunde der Grünen Wände sehen das gerne anders. Sie sagen, dass die Haftwurzeln, mit deren Hilfe die Pflanzen klettern, nicht in intaktes Mauerwerk eindringen können. Sie seien gar nicht zur Nährstoffaufnahme fähig. Und zwischen Wand und Pflanze könne auch keine Staunässe entstehen. Im Gegenteil: Durch die Kletterpflanze werde Regen erfolgreich von der Wand abgehalten. Außerdem trage das Luftpolster zwischen Kletterpflanze und Fassade zur Wärmedämmung bei.

Die Diskussion über diese Fragen ist in der Fachliteratur offensichtlich noch nicht abgeschlossen. Für den Juristen ist aber sicher: Auch wenn es sich um so genannte Selbstklimmer handelt (die also keine Kletterhilfen benötigen), muss die Einwilligung des Nachbarn eingeholt werden, selbst wenn keine Mauerschäden zu befürchten sind. Das ergibt sich aus dem Recht des Eigentümers, jede unberechtigte Störung seines Besitzes zu unterbinden. Und eine »Störung« ist es auch dann, wenn keine Schäden zu befürchten sind.

§

Aus der Rechtsprechung: Ein bis zum Dach hoch gewachsener Efeu hat zwei benachbarte Münchner Wohnungseigentümergemeinschaften entzweit. Bei der Renovierung einer Hausfassade wurden die Efeuwurzeln entfernt, so dass die am Anwesen der Kläger befindlichen Efeuranken verwelkten und abstarben. Die Aufforderung, die Ranken zu beseitigen, hatte die andere Partei abgelehnt. Das Amtsgericht München gab der Klage statt (AZ: 273 C 17038/02). Der Efeu sei ein »Überwuchs«, der von dem Grundstück der Beklagten ausgehe und daher eine Beeinträchtigung der Kläger darstelle. Die Berufung der Beklagten wurde vom Landgericht (AZ: 20 S 8677/03) als unbegründet zurückgewiesen.

Kleingärten

Für die Gärten, die unter das **Bundeskleingartengesetz** in der jetzt gültigen Fassung vom 8. 4. 1994 fallen, gelten besondere Regeln. Sie haben ihr eigenes Nachbarrecht. Nicht kraft Gesetzes, sondern durch vertragliche Vereinbarung.
Das Bundeskleingartengesetz definiert den Kleingarten als einen Garten, der

- einem Kleingärtner zur nicht-erwerbsmäßigen gärtnerischen Nutzung, insbesondere zur Gewinnung von Gartenbauerzeugnissen für den Eigenbedarf und zur Erholung dient und
- in einer Anlage liegt, in der mehrere Einzelgärten mit gemeinschaftlichen Einrichtungen, z. B. Wegen, Spielflächen und Vereinshäusern, zusammengefasst sind.

Die Nutzer einer Kleingartenparzelle sind also nie Eigentümer. Sie pachten vielmehr ihre Parzelle von dem jeweiligen als gemeinnützig anerkannten Kleingartenverein, der wiederum mit der Gemeinde, Kirche oder sonstigen Körperschaft des öffentlichen Rechts einen Zwischenpachtvertrag geschlossen hat.
Mit Wirkung vom 3. 10. 1990 gilt das Bundeskleingartengesetz auch in den neuen Bundesländern Brandenburg, Mecklenburg-Vorpommern, Sachsen, Sachsen-Anhalt und Thüringen gemäß Art. 8 des Einigungsvertrages. Im Bundeskleingartengesetz wurde ein Art. 20 a eingefügt, der die Überleitungsvorschriften sehr detailliert regelt.
Nicht alle geschlossenen Gartenanlagen unterliegen dem Bundeskleingartengesetz. Es handelt sich häufig auch um private Wochenendsiedlungen. Fälschlich werden beide Arten Schrebergärten genannt, nach dem Leipziger Arzt Dr. Schreber. Die echten Kleingärten stehen meist im Eigentum der Gemeinden, der Bundesbahn und manchmal auch der Kirchen. Sie ha-

ben sich aus den Armengärten des 19. Jahrhunderts entwickelt. Heute bestimmt das Baugesetzbuch in den §§ 5 und 9, dass die Gemeinden in den Flächennutzungs- und Bebauungsplänen Grünflächen für Dauerkleingärten ausweisen sollen. 650 000 Familien in der Bundesrepublik sind Unterpächter solcher Kleingärten. Der Bedarf ist noch viel höher; entsprechend lang die Vormerklisten.

Nach dem Gesetz soll ein Kleingarten nicht größer als 400 m^2 sein. Die übliche Größe einer Parzelle liegt zwischen 250 und 400 m^2. Die zu jeder Parzelle gehörenden Gartenlauben dürfen nicht für Wohnzwecke gebraucht werden und unterscheiden sich schon allein dadurch von Wochenendsiedlungen. Es gibt aber noch andere Unterscheidungsmerkmale, die wichtiger sind.

Ich erwähnte schon, dass die heutigen Kleingärten sich aus den Armengärten des 19. Jahrhunderts entwickelt haben. Bedürftige sollten die Möglichkeit haben, sich mit Gemüse und Obst selbst zu versorgen. In wirtschaftlich besseren Zeiten kam dann die Freude an Zierpflanzen und die Möglichkeit der Erholung dazu. Das ist heute alles noch spürbar in der starken Betonung der Solidargemeinschaft. Für jede Kleingartenanlage (meist zwischen 50 und 150 Einzelparzellen) sind Gemeinschaftseinrichtungen wie Vereinsheim, sanitäre Anlagen, Liegeflächen, Spielplätze, Lagerhaus und dergleichen mehr vorgesehen. Dieser äußere Zwang - meist sehr begrüßt - zur gemeinsamen Nutzung, verlangt ein hohes Maß an gegenseitiger Rücksichtnahme. Wer dazu nicht bereit ist, bekommt entweder gar keinen Pachtvertrag, oder es wird ihm gekündigt. Denn mit dem Pachtvertrag muss jeweils auch die Gartenordnung akzeptiert werden.

Und diese **Gartenordnungen** lassen wenig Zweifel über die Rechtslage aufkommen. Jeder Kleingartenverein kann seine eigene Gartenordnung aufstellen. In den Grundzügen ähneln sie sich; sie enthalten detaillierte nachbarrechtliche Bestimmungen kraft Vertrages. Zum Beispiel:

Tierhaltung ist nicht gestattet. Werden Haustiere, z. B. Hunde, Katzen oder Vögel mitgebracht, so hat der Pächter des Gartens dafür zu sorgen, dass niemand belästigt wird.

Die Passauer Neue Presse berichtete am 4. 9. 2000 über eine bemerkenswerte Trendwende in der Arbeit der Kleingartenverbände:

Akkurate Gartenpflege nicht mehr im Trend.
In Deutschlands Schrebergärten ist Ordnung nicht mehr Gesetz. »Im Gegensatz zu früheren Jahrzehnten stimmt das Bild vom akkurat gepflegten **Kleingarten** heute nicht mehr«, sagte der Präsident des Bundesverbandes Deutscher Gartenfreunde, Ingo Kleist, anlässlich des 23. Bundestreffens des Verbands am Samstag in Ulm. Stattdessen gehe der Trend seit einigen Jahren klar zum naturbelassenen Garten.
»Die Leute wollen mittlerweile einen Garten, der lebt, in dem etwas kreucht und fleucht«, sagte Kleist. Immer mehr Mitglieder der rund 15 000 Kleingartenvereine freuten sich über Vögel, Schmetterlinge, Bienen und Igel auf ihren Parzellen. Dafür verzichten sie nach Kleists Angaben immer häufiger auf ein bisschen Ordnung und lassen im Herbst totes Holz und Pflanzenreste liegen, um Tieren Möglichkeiten zum Unterschlupf zu geben. »Da dürfen sie eben nicht mit dem Staubsauger durch den Garten gehen und das Laub aufsaugen.« Viele der einst akribisch gehegten Rasenflächen sind in den vergangenen Jahren nach Kleists Angaben von Obstbäumen und Gemüsebeeten ersetzt worden. Der Einsatz von chemischen Düngern und Insektenvernichtern sei tabu. »Ein Apfel muss nicht tiefrot oder giftgrün sein, das braucht der Kleingärtner nicht.«

Ein vorhandener Abfallsammelplatz darf nur zur Sammlung nicht verrottbarer Abfälle benutzt werden. Die Lagerung und Verwendung von nicht aufbereiteten Hausabfällen sowie das Düngen mit Fäkalien ist nicht gestattet. Das Abbrennen von Abfällen in den Gartenanlagen und im Anlagenbereich ist verboten. Papier, Materialabfälle, Speisereste u. a. dürfen nicht herumliegen. Soweit ihre Kompostierung nicht möglich ist, hat der Pächter für die einwandfreie Beseitigung selbst Sorge zu tragen.
Das Ausbringen von Pflanzenbehandlungsmitteln (Pflanzenschutzmittel und Wachstumsregler) ist zu vermeiden. Durch Anbauweise und Artenwahl soll biologisch einer übermäßigen Vermehrung von Schadorganismen vorgebeugt werden.

Komposthaufen

Ein anständiger Komposthaufen ist das Herz jeden Gartens. Kein Zweifel, zum Garten des Naturfreundes gehört ein Komposthaufen. Jetzt erst recht. Recycling tut not und der Kompost unserem Garten gut. Kompost ist billiger und besser als Torf. Wer Kompost statt Torf verwendet, schont gleichzeitig die letzten noch vorhandenen Hochmoore.

Die Natur kennt keinen Abfall. Ungekochte Gemüse- und Obstabfälle, Rasenschnitt und Laub, verwelkte Blumen und Heckenschnitt gehören auf den Komposthaufen. Aber auch Eierschalen und Kaffeesatz, etwas Zeitungspapier und Papiertaschentücher. Bei sachgerechter Behandlung wird alles eines Tages wertvollster Humus. Ein beglückendes Erlebnis, wenn nach etwa einem Jahr aus einer Vielfalt von Küchen- und Gartenabfällen fruchtbarer krümeliger Humus geworden ist. Auch ein Schöpfungsakt. Nach einem alten Hausrezept kann man die Vermehrung der Regenwürmer im Komposthaufen durch Kaffeesatz erhöhen. Und die helfen uns wieder bei der Aufarbeitung des Laubs und der Durchlüftung des Bodens. Eine einzige Freude. Nur fraglich, ob der Nachbar das genauso sieht. Der hat sich ja schließlich für schweres Geld einen Ziergarten angelegt. Mit vielen exotischen Nadelgehölzen, kurzgeschnittenem Rasen und auch einem Blumenbeet. Der Komposthaufen des Nachbarn verletzt sein ästhetisches Empfinden. Schön ist, was nicht zu sehr an Natur erinnert. Also nimmt unser Nachbar Anstoß. Da er mit ästhetischen Argumenten kein Gehör findet, nimmt er Anstoß am Geruch. Er sagt, der Komposthaufen muss weg, weil er stinkt. Die Juristen werden wieder bemüht.

Die Rechtslage ist klar. Man darf in seinem Garten einen Komposthaufen anlegen. Er darf aber nicht stinken. Sonst kann der Nachbar Ansprüche nach den §§ 906 und 1004 BGB geltend machen.

Das ***Landgericht Regensburg*** musste sich 1984 als Berufungsinstanz mit einer solchen Klage beschäftigen. Es stellte fest, dass sich der Komposthaufen in einer sehr windgeschützten Ecke des Gartens befand.

§

»Daher ist auch bei Süd- oder Ostwind allenfalls mit einer geringfügigen Geruchsbelästigung zu rechnen. Diese muss der Kläger genauso hinnehmen wie umgekehrt die Beklagte Belästigungen durch die Abgase aus den Autos, die in der nahen Garage untergebracht sind, hinnehmen muss.«

Die Klage wurde abgewiesen (Urteil vom 27. 3. 1984, AZ: S 320/83). Das Urteil ist aber kein Freibrief für **so genannte Komposthaufen**, die in Wahrheit Müllkippen sind. Müllkippen stinken, Komposthaufen nicht. Der Hauptunterschied zwischen beiden: Ein Abfallhaufen ist nass und nicht durchlüftet. Die Fäulnis führt zu stinkenden Abfallprodukten. Ein Komposthaufen hingegen ist gleichmäßig feucht und gut durchlüftet und verrottet zu erdigem Humus.

Das ***Landgericht München I*** kam in einem Komposthaufen-Prozess zu einem anderen Ergebnis als das Landgericht Regensburg. Aber der Sachverhalt war auch in einem ganz entscheidenden Punkt anders. Der Kläger hatte nur ein kleines Grundstück und an der Grenze zum Nachbarn den Kinderspielplatz angelegt. Der Beklagte besaß dagegen ein etwa 1 350 m^2 großes Grundstück und verlegte den ursprünglich anders gelegenen Komposthaufen akkurat dem Spielplatz gegenüber an die Grundstücksgrenze. Das Landgericht München I gab der Klage auf Beseitigung des Komposthaufens statt (Urteil vom 23. 12. 1986, Neue Juristische Wochenschrift - Rechtsprechungsreport 1988, S. 205). Im Ergebnis sicher richtig, wenngleich die Begründung etwas weh tut:

»Es ist allgemein bekannt, dass von einem Komposthaufen, in dem Gartenabfälle verrotten, regelmäßig Geruchsbelästigungen ausgehen und häufig Insekten auftreten.«

Wie erreicht man, dass die organischen Abfälle verrotten und nicht verfaulen? Der Komposthaufen muss Erdberührung haben, damit Mikroorganismen, Regenwürmer usw. vom Boden einwandern können und überschüssiges Wasser ablaufen kann. Betonierte Gruben sind daher keinesfalls geeignet. Ideal ist ein leicht beschatteter Platz, zum Beispiel unter einem Baum, damit der Kompost nicht austrocknet. Zur Erhaltung einer

gleichmäßigen Feuchtigkeit ist es außerdem ratsam, den Komposthaufen bei längerer Trockenheit zu gießen.
Wichtig ist auch das richtige Aufsetzen des Materials: Als unterste Schicht eignen sich z. B. Äste oder anderes grobes Material als natürliche Drainage. Alle organischen Abfälle sollten entweder gut vermischt oder in dünnen Schichten aufgebracht werden. Insbesondere größere Mengen Grasschnitt und Laub können sonst zu Fäulnis führen, denn sie sind kaum luftdurchlässig. Zwischen die einzelnen Schichten kann etwas Komposterde, Kalk oder Gesteinsmehl zur Beschleunigung des Verrottungsvorgangs gestreut werden. Organische Küchenabfälle stets mit Erde abdecken, damit kein Ungeziefer angelockt wird.
Und wenn Sie jetzt noch darauf achten, dass der Komposthaufen wegen der Durchlüftung nicht zu groß wird (maximal 1,50 m hoch und 2 m breit), dürften Sie keine Schwierigkeiten mit den Nachbarn bekommen. Vielleicht gibt es - gerade bei kleinen Reihenhausgärten - sogar eine Möglichkeit, mit dem Nachbarn gemeinsam einen anzulegen.
Wenn Sie noch mehr wissen wollen, empfehle ich das Buch von Robert Sulzberger: Kompost, Erde, Düngung (siehe Literaturverzeichnis Seite 187 f.).

Laub- und Blütenfall

Praktiker wissen, dass neben dem Zwist um den Grenzabstand von Bäumen der Laubfall zum häufigsten Streitfall im Nachbarrecht gehört. Und über den Laubfall schreiben weder das BGB noch die Nachbarrechtsgesetze der Länder etwas. Auch die vielfältigen Bemühungen deutscher Gerichte haben es nicht geschafft, zu einer einheitlichen Rechtsprechung zu kommen. Es besteht vielmehr Rechtsunsicherheit. Umso erbitterter die Auseinandersetzungen zwischen Nachbarn. Wir werden uns daher mit diesem Problem und den Urteilen deutscher Gerichte etwas eingehender befassen müssen. Die bisher eingeschalteten Gerichte vertreten die Überzeugung, dass unser Problem von § 906 BGB umfasst wird.

§ 906 sagt in gewundener Gesetzessprache, dass ein Grundstückseigentümer sich nicht gegen die Zuführung von Gasen, Dämpfen, Gerüchen, Rauch, Ruß, Wärme, Geräuschen und ähnlichen vom Nachbargrundstück ausgehenden Einwirkungen wehren kann, wenn die Benutzung seines Grundstücks dadurch nicht wesentlich beeinträchtigt wird. Das Gleiche gilt, wenn die Beeinträchtigung zwar wesentlich, aber ortsüblich ist und nicht durch wirtschaftlich zumutbare Maßnahmen verhindert werden kann.

Es liegt auf der Hand, dass Laub von Bäumen nicht zu den »Gasen, Dämpfen, Gerüchen, Rauch, Ruß, Wärme, Geräusch und Erschütterungen« gehört. Die Mehrzahl der Gerichte ist aber mit Zustimmung der Fachliteratur der Ansicht, dass es sich beim Laubfall um eine »ähnliche von einem anderen Grundstück ausgehende Einwirkung« handelt. Zur Lösung des Konflikts wird also der § 906 herangezogen. Damit ist allerdings noch nicht gesagt, ob diese Einwirkung geduldet werden muss oder untersagt werden kann oder zum finanziellen Ausgleich verpflichtet. Den extremsten Standpunkt hat das ***Landgericht Wiesbaden*** (Neue Juristische Wochenschrift 1979, S. 2617) eingenommen. Es hatte 1978 darüber zu entscheiden, ob der Nachbar es hinnehmen musste, dass die Blüten von fünf Birken auf seine Terrasse fielen. Das Gericht kam zu der Auffassung, dass der **Blütenfall** eine wesentliche Beeinträchtigung darstelle. Sie sei aber ortsüblich, zumal auf dem Grundstück des Nachbarn und Klägers ebenfalls Birken stünden. Die beantragte Beseitigung der fünf Birken hat das Gericht daher nicht ausgesprochen. Aber das Gericht errechnete, dass zur Beseitigung des Blüten- und Samenfalls jährlich etwa 14 Arbeitsstunden anfielen und verurteilte daher den Besitzer der Birken zur jährlichen Schadensersatzleistung in Höhe von DM 100,-.

Diese Entscheidung ist in der Fachwelt auf viel Kritik gestoßen. Dennoch hat sich 1983 das ***Oberlandesgericht Karlsruhe*** (Die Justiz 1983, S. 387) auf den gleichen Standpunkt gestellt. Auf dem Grundstück des Gartenliebhabers standen in diesem Fall mehrere Birken und eine Kiefer. Laub, Nadeln, Blütenstaub und Kiefernzapfen fielen häufig auf den Vorplatz und das Garagendach sowie in die Dachrinne. Das Oberlandesgericht kam zu der Erkenntnis, dass **Blütenstaub, Laub-, Nadel- und Zapfenfall** eine wesentliche Beeinträchtigung darstellen. Der Nachbar habe aber dennoch diese Immission zu dulden, da sie ortsüblich sei. Zum Ausgleich für diese Duldungspflicht verdonnerte das Gericht den Gartenfreund zur Zahlung von jährlich DM 300,-.

Das ***Landgericht Ulm*** hatte 1984 über folgenden Fall zu entscheiden (Natur und Landschaft 1985, S. 154). Die Klägerin betrieb eine Gastwirtschaft und Pension. Das Haus stand neben einem öffentlichen Park, in dem eine Reihe etwa 20-jähriger Laubbäume wuchs. Die Baumkronen ragten teilweise über den Parkplatz der Klägerin. Das Gericht schloss sich der in der Fachliteratur herrschenden Meinung an. Es war daher der Ansicht, dass es sich beim Laubfall um eine **ähnliche Einwirkung** im Sinne des § 906 BGB handle. Es vertrat aber dann die Auffassung, dass die Beeinträchtigung nicht wesentlich sei. Vielmehr handle es sich um eine unschädliche und natürliche Einwirkung, die die naturgesetzliche Folge einer von allen Beteiligten erwünschten Nutzung des öffentlichen Parks sei. Infolgedessen scheide eine Entschädigung aus. Das Landgericht fügte noch an, dass es für den Gewerbebetrieb der Klägerin von Vorteil sei, dass er unmittelbar an den Park angrenze. Dieser Vorteil überwiege gegenüber eventuellen Nachteilen.

Ähnliche Gedanken äußerte das ***Landgericht Karlsruhe*** 1984 (Monatsschrift für Deutsches Recht 1984, S. 401). Es wies darauf hin, dass in einer Zeit des zunehmenden Umweltbewusstseins der vernünftige Durchschnittsbürger bereit sei, eine größere Belästigung durch Laub- und Samenflug hinzunehmen.
Das ***Landgericht Stuttgart*** (Neue Juristische Wochenschrift 1980, S. 2087) ließ die Kernfrage (Laubfall = ähnliche Einwirkung) offen, wies aber die Klage mit der Begründung ab, dass es sich dabei nicht um eine Einwirkung handle, die von einem »anderen« Grundstück ausgehe.
Das ***Oberlandesgericht Düsseldorf*** war sich im Urteil vom 25. 10. 1989 (Neue Juristische Wochenschrift - Rechtsprechungsreport 1990, S. 144) nicht sicher, ob Laub und Blüten überhaupt zu den »Beeinträchtigungen« des § 906 gehören. Es hat aber den Klageanspruch auf Ersatz der jährlichen Reinigungskosten (Säuberung der Dachrinnen) von über DM 7000,- unter Berufung auf den Bundesgerichtshof abgewiesen:

§

»... Daher sind Einwirkungen, die auf Naturereignissen beruhen, dem Eigentümer des Grundstücks, von dem sie ausgehen, nur zuzurechnen, wenn er sie durch eigene Handlungen ermöglicht oder durch pflichtwidriges Unterlassen herbeigeführt hat.«

Beschämend ist, in welchem Ausmaß sich deutsche Gerichte um das Fallen von Blättern kümmern müssen. Erstaunlich aber auch, dass die Gerichte meinen, § 906 sei auf unser Problem überhaupt anwendbar. Ich halte das nicht für richtig.
Mit Ausnahme von Bremen, Hamburg und Mecklenburg-Vorpommern gibt es in allen Bundesländern gesetzliche Vorschriften über den Grenzabstand von Bäumen. Der Sinn dieser Regelung ist nicht preußische Ordnungsliebe. Es geht nicht darum, dass Bäume und Sträucher stramm in Reih und Glied stehen. Der Sinn ist vielmehr, dass die berechtigten Interessen des Nachbarn durch den Grenzabstand voll abgedeckt werden sollen.
Die bisherige Rechtsprechung glaubt, eine Gesetzeslücke ausfüllen zu müs-

sen, die es in Wahrheit gar nicht gibt. Fühlt sich der Nachbar durch die naturgemäße Entwicklung des Baumes belästigt, obwohl der eingehaltene Abstand gewahrt wurde, dann stehen ihm keine Ansprüche zu. Es sei denn, Wurzeln sind in sein Grundstück eingedrungen (siehe Kapitel »Eindringen von Wurzeln«, Seite 30 ff.), Zweige hängen über (siehe »Überhang von Zweigen«, Seite 132 ff.) und Früchte fallen auf seinen Grund (siehe »Überfall von Früchten«, Seite 129 ff.). Dafür gibt es ausdrücklich und ausnahmsweise eine gesetzliche Anspruchsgrundlage. Und damit basta. In Extremfällen sind Ausnahmen denkbar. Dann, wenn das Nachbarschaftsverhältnis in eklatanter, missbräuchlicher Weise verletzt wird.
Diese Auffassung wird jetzt auch von Walter Dehner, Richter am Bundesgerichtshof, in der 1991 erschienenen 7. Auflage seines Kommentars zum Nachbarrecht vertreten. Er meint:

§

»Dass aber von einem rechtmäßig angepflanzten Baum Laub auf das Nachbargrundstück geweht wird, hat der Eigentümer nicht zu verantworten.«

Unter Berufung auf Dehner hat das ***Oberlandesgericht Düsseldorf*** im Urteil vom 23. 8. 1995 (Neue Juristische Wochenschrift - Mietreport 1996, S. 2) entschieden:

§

»Laubfall vom Nachbargrundstück ist in der Regel vom Eigentümer des betroffenen Grundstücks entschädigungslos hinzunehmen.«

Zu ähnlichem Ergebnis kam das ***Landgericht Nürnberg-Fürth*** in einer am 13.September 2000 veröffentlichten Entscheidung (AZ: 13 S 10117/99). Der Antrag, eine 15 Jahre alte und über 10 m hohe Weide zurückzuschneiden, wurde zurückgewiesen. Das Grundstück liege in einer Wohngegend, wo Laubfall ortsüblich und damit zumutbar sei.

Weitere Urteile zum Thema Laubfall (Passauer Neue Presse vom 14. 9. 2000):

§

»Rutscht ein Spaziergänger im Herbst auf nassem Laub aus, so kann er die Gemeinde nicht auf Zahlung von Schmerzensgeld verklagen, weil die Kommune zu dieser Jahreszeit nicht verpflichtet ist, die Gehwege regelmäßig vom ständig herabfallenden Laub zu befreien.«
(*Oberlandesgericht Frankfurt am Main*, 1 U 75/95).

»Überholt ein Autofahrer auf einer laubbedeckten Straße und gerät er dabei ins Schleudern, wodurch er einen schweren Unfall verursacht, so muss seine Kaskoversicherung den Schaden wegen grober Fahrlässigkeit nicht ersetzen.«
(*Oberlandesgericht Braunschweig,* 3 U 225/95).

»Eine Kommune kann nicht wegen Verletzung der Verkehrssicherungspflicht verantwortlich gemacht werden, wenn eine Spaziergängerin auf einem Wanderweg auf glitschigem Laub ausrutscht und sich verletzt, da die Gemeinde nicht verpflichtet ist, solche Wege regelmäßig zu reinigen oder für volle Rutschsicherheit zu sorgen«
(*Landgericht Itzehoe,* 3 O 153/99).

»Hat ein Mieter für die Säuberung des Bürgersteigs im Herbst während des Urlaubs eine Vertretung besorgt, so muss er seinen Urlaub nicht unterbrechen, um zu prüfen, ob die »Ersatzperson« ihre Arbeit korrekt erledigt«
(*Oberlandesgericht Köln,* 26 U 94).

»Kommunen müssen die öffentlichen Wege im Herbst nicht permanent **»laubfrei«** halten, weil es sich bei Herbstlaub um eine »ständig wiederkehrende Erscheinung« handelt, auf deren Gefahren sich jeder Bürger einstellen kann«
(*Amtsgericht Paderborn,* 7 C 403/94).

»Rutscht eine Fußgängerin um 7 Uhr früh auf einem Bürgersteig in einer Wohngegend auf nassem Laub aus und bricht sich ein Bein, so hat sie keinen Anspruch auf Schadenersatz, da dem Hausbesitzer nicht zugemutet werden kann, schon zu dieser Zeit nach dem Rechten zu sehen und die Fußgänger selbst aufpassen müssen «
(*Landgericht Frankfurt am Main*, 2/23 O 368/93).

»Wer auf einem öffentlichen Parkplatz einen (unter Herbstlaub »versteckten«) Bordstein übersieht und dadurch eine Felge beschädigt, der kann von der Gemeinde keinen Schadenersatz verlangen«
(*Landgericht Aachen*, 4 O 233/92).

Natürlich kann das Laub auch eine Last sein. Insbesondere in Dachrinnen. Aber ganz offensichtlich wird vom lieben Nachbarn und von einigen deutschen Gerichten zu wenig bedacht, welch wertvolle Nahrungsquelle Laub für den Boden ist. Es ist die schützende und wärmende Bodendecke auf Beeten und Rabatten. Jedem Komposthaufen tut die Beigabe von Laub gut. Und den Regenwürmern gibt es Nahrung und animiert sie zur Bodenbelüftung.

Lichtentzug

Bei der Anlage eines Gartens sehen viele die Folgen nicht voraus. Auch der Grundstückseigentümer selbst nicht. Er pflanzt ein kleines, zartes Bäumchen, das allen Freude machen und niemanden stören soll. Als gesetzeskundiger Gartenbesitzer beachtet er sogar die in seinem Bundesland geltenden Grenzabstände. Er hegt und pflegt mit viel Liebe und Freude dieses Bäumchen. Und eines Tages ist aus dem Bäumchen ein Baum geworden, möglicherweise ein Riese seiner Art. Dieser Riese stellt alles in den Schatten. Insbesondere Wohnstube und Terrasse des Nachbarn. Dessen Laune sinkt mit jedem Meter, den der Baum wächst. Er sieht nicht mehr den Sonnenschein, dafür aber den Wertverlust seines Hauses. Und dann beginnt der Ärger.

Das ***Oberlandesgericht Düsseldorf*** hatte sich 1979 mit einem solchen Rechtsstreit zu plagen. Die Beklagten hatten auf ihrem Grundstück eine Norfolktanne, vier Serbische Fichten und drei Zypressen angepflanzt. Als diese Bäume etwa 6 Meter hoch waren, warfen sie jeden Nachmittag ihren Schatten auf die Terrasse des Nachbarn. Dieser verlangte mit der Klage den Rückschnitt auf eine Höhe von 2 Metern.

Das Oberlandesgericht hat die Klage abgewiesen. In den Urteilsgründen weist es darauf hin, dass jeder Eigentümer sein Grundstück nach Belieben bepflanzen darf. Auch dann, wenn der Nachbar durch die Schattenwirkung der Bäume erheblich beeinträchtigt wird. Gegen die Entziehung von Licht und Luft durch Bäume aus Nachbars Garten gebe es grundsätzlich keinen klagbaren Anspruch (Urteil vom 6. 7. 1979, Neue Juristische Wochenschrift 1979, S. 2618).

Das ***Landgericht Hamburg*** hatte schon zu einem früheren Zeitpunkt den gleichen Standpunkt vertreten. Da ging es um einen hohen Ahornbaum, der das Wohnzimmer des Nachbarn verdunkelte (Urteil vom 20. 7. 1962, Monatsschrift für Deutsches Recht 1963, S. 50).

Beide Urteile befinden sich in voller Übereinstimmung mit der Rechtsprechung des Reichsgerichts und des Bundesgerichtshofes. Unter Zustimmung der Fachliteratur haben diese höchsten Gerichte entschieden, dass es keinen klagbaren Anspruch gegen den Schattenwurf von Nachbars Bäumen gibt. Der ***Bundesgerichtshof*** (Monatsschrift für Deutsches Recht 1951, S. 726) begründet das damit, dass die Entziehung von Licht und Luft keine Immission im Sinne der §§ 903, 906, 1004 BGB darstelle.

So bitter solche Urteile für manchen Gartenbesitzer sein mögen, so gibt es dafür doch gute Gründe. In den Nachbarrechtsgesetzen der Länder wird genau bestimmt, in welchem Abstand zur Grenze die verschiedenen Baumarten zu pflanzen sind (siehe Kapitel »Grenzabstand von Bäumen und Sträuchern«, Seite 52 ff.). Die Gesetzgeber haben dadurch die Interessen der angrenzenden Nachbarn im Prinzip berücksichtigt. Das Dumme ist nur, dass in den letzten Jahrzehnten die Grundstücke immer kleiner geworden sind und dadurch die festgesetzten Abstandsflächen für großkalibrige Bäume häufig nicht mehr ausreichen.

Wurden die vorgeschriebenen Abstandsflächen nicht eingehalten, sollte man sich als betroffener Nachbar gleich rühren. Sonst verjährt oder erlischt eines Tages der Anspruch auf Rückschnitt oder Beseitigung.

Völlig anders ist die Rechtslage, wenn es sich nicht um den Baum in Nachbars Garten handelt, sondern um einen Baum in der zum **Gemeinschaftseigentum** gehörenden Gartenanlage. »Denn anders als im Verhältnis zwischen benachbarten Grundstückseigentümern kommt es für die Bejahung eines Abwehr- oder Beseitigungsanspruchs zwischen Wohnungseigentümern nur darauf an, dass eine nicht ganz geringfügige, konkret spürbare und objektiv feststellbare Beeinträchtigung vorliegt.« (***Oberlandesgericht Köln***, Beschluss vom 7. 6. 1996, Neue Juristische Wochenschrift - Rechtsprechungsreport 1997, S. 14). In diesem Fall hatte der Sondernutzungsberechtigte eine Schwarzkiefer gepflanzt, deren Krone die Wohnräume in der 1. Etage des Hauses verdunkelte.

»Es kann auch nicht die Beseitigung einer wegen Schattenbildung beeinträchtigenden Pflanze verlangt werden, wenn ein Rückschnitt der Pflanze zur Beseitigung der Beeinträchtigung möglich ist.« (***Bayer. ObLG***, Beschluss vom 5. 6. 1997, NJWE-MietR 1997, S. 253).

Mieter des Gartens – Rechte und Pflichten

In den Verträgen über die Miete eines Einfamilienhauses finden sich meist auch Bestimmungen über die Pflege des Gartens. Etwa: »Der Mieter ist verpflichtet, den Garten in Ordnung zu halten«. Oder: »Der Garten ist sachgerecht zu pflegen«. Solche Klauseln klingen so unverfänglich eindeutig, dass sie ohne weitere Diskussion unterschrieben werden. Die Zweifel kommen erst später. Wozu hat sich der Mieter in Wahrheit verpflichtet? Oder anders herum: Welche Rechte räumt ihm ein solcher Vertrag hinsichtlich der Gartengestaltung ein? Muss er (der Mieter) die Wiese regelmäßig auf englisches Maß stutzen oder darf er einen Wildwuchs zulassen? Darf er ein Gemüsebeet anlegen oder muss er vorher den Vermieter um Erlaubnis fragen? Muss er den Boden belüften und Unkraut jäten? Welche Haltung muss er zu Brennnesseln einnehmen? Und wenn im Garten Obstbäume stehen: Wem gehören die Früchte?
Fragen, die immer wieder Anlass zum Streit geben. Es stellt sich dann schnell heraus, dass zu allgemein gehaltene Vertragsbestimmungen wenig Klarheit schaffen. Die Gerichte müssen helfen. Aus den vorliegenden Urteilen lassen sich einige Thesen ableiten.

- Wenn der Mietvertrag über ein Einfamilienhaus keine Aussage zur gärtnerischen Nutzung des Hausgartens macht, dann ist der Garten immer mit vermietet. Mit der weiteren Folge, dass der Mieter zur ausschließlichen Nutzung des Gartens berechtigt ist. Das bedeutet auch, dass er die Früchte der Obstbäume und Beerensträucher ernten darf.
- Als »Gegenleistung« ist der Mieter dann aber auch stillschweigend zur Pflege des Gartens verpflichtet. Allerdings in einem sehr eingeschränkten Umfang. So kann der Vermieter nicht die sorgfältige Pflege eines englischen Zierrasens verlangen. Um das gelegentliche Rasenschneiden

kommt der Mieter allerdings nicht herum. Das ***Amtsgericht Ibbenbüren*** leitet diese Pflicht aus dem Sinn und Zweck eines Wohnhauses mit Gartenanlage ab (Urteil vom 25. 10. 1983, Wohnungswirtschaft und Mietrecht 7/1984).

- Wenn der Mieter der Pflicht zum üblichen Rasenmähen nicht nachkommt, kann der Vermieter die Kosten für einen beauftragten Gärtner nur dann vom Mieter verlangen, wenn er das zunächst angedroht und erfolglos eine Frist gesetzt hat. So entschied das ***Amtsgericht Solingen*** (Urteil vom 20. 10. 1982, Wohnungswirtschaft und Mietrecht 7/84).
- Ohne vertragliche Vereinbarung wird der Vermieter nicht das Schneiden von Obstbäumen und Sträuchern fordern dürfen. Diese Arbeiten setzen Fachkenntnisse voraus, die nicht zur allgemeinen Schulbildung gehören.
- Wenn der Mieter sich im Vertrag ausdrücklich verpflichtet hat, den Garten »in Ordnung zu halten«, muss er lediglich landläufige Pflegemaßnahmen durchführen. Also Rasenmähen, Unkrautjäten, Umgraben von Beeten. Das ***Amtsgericht Detmold*** hat weitergehende Pflichten, die häufig auch gärtnerische Kenntnisse erfordern, verneint (Urteil vom 14. 4. 1988, Wohnungswirtschaft und Mietrecht 7/1990):

§

»Eine Verpflichtung zur Durchführung von sonstigen Instandhaltungs- und Instandsetzungsarbeiten im Garten, die über diese einfachen und ohne besonderen Kostenaufwand durchzuführenden Pflegearbeiten hinausgehen, ergibt sich aus der mietvertraglichen Vereinbarung nicht.«

- Zur Frage **Naturgarten** oder **Ziergarten** hat das *Amtsgericht Darmstadt* darauf hingewiesen, dass der Mieter mit Abschluss des Mietvertrages nicht zum Gärtner des Vermieters »degradiert« werde. Der Mieter könne daher durchaus im Rahmen seiner Verpflichtung zur Erhaltung der Gesamtanlage seinen persönlichen Vorstellungen über die Anlage eines Nutzgartens nachgehen. Wenn der Vermieter auf ein bestimmtes äußeres Erscheinungsbild seines Gartens Wert lege, müsse er den Mieter im Vertrag ausdrücklich und entsprechend verpflichten (Urteil vom 2. 4. 1982, Wohnungswirtschaft und Mietrecht 9/1982).

- Dagegen ist der Mieter nicht berechtigt, ohne entsprechende Vereinbarung den pflanzlichen Bestand wesentlich zu verändern. Er darf also nicht ohne weiteres Bäume umsägen und Sträucher ausgraben. Auch das Pflanzen eines Baumes sollte er sich daher sorgfältig überlegen, denn der Baum wird wesentlicher Bestandteil des Grundstücks. Er darf also nicht bei Beendigung der Mietzeit wieder ausgegraben und mitgenommen werden.

Pflanzenschutzmittel aus Nachbars Garten

Häufig diskutiertes Problem: Besteht ein Unterlassungsanspruch gegen den Nachbarn, wenn dieser auf seinem Grundstück mit der chemischen Keule operiert und durch Wind und Wasser Rückstände dieser Pflanzenschutzmittel in den eigenen Garten dringen?

Naturkräfte haben zwar die Rückstände transportiert. Ursächlich für die Beeinträchtigung war aber das Versprühen der Pflanzenschutzmittel. Also müsste man dem mit der Giftspritze hantierenden Nachbarn entgegentreten und sich schützend vor den eigenen naturnahen Garten stellen können.

So einfach ist das leider nicht. Für die Lösung des Problems sind wieder die im Nachbarrecht so bedeutenden §§ 906, 1004 BGB heranzuziehen. Der ***Bundesgerichtshof*** hat das in einem Urteil vom 2. 3.1984 getan (Natur und Recht 1984, S. 285). Er hatte über den folgenden Fall zu entscheiden:

Die Klägerin betrieb biologischen Landbau. Sie klagte gegen den benachbarten Landwirt, weil dieser auf seinem höher gelegenen Maisfeld Pflanzenschutzmittel gespritzt hatte, die vom Regenwasser auf das Grundstück der Klägerin geschwemmt wurden. Gemüse, Kartoffeln und Grünland wurden auf dem Grundstück der Klägerin vernichtet. Sie verlangte Schadensersatz und außerdem für die Zukunft Maßnahmen gegen das Zufließen von Unkrautvernichtungsmitteln.

Der Beklagte behauptete nun, der nach biologischen Gesichtspunkten durchgeführte Gemüseanbau der Klägerin sei durch die Pflanzenschutzmittel nur unwesentlich beeinträchtigt worden. Schließlich sei biologischer Landbau besonders störanfällig und das sich daraus ergebende Risiko müsse die Klägerin selbst tragen.

Diesen Einwand hat der Bundesgerichtshof nicht gelten lassen. Für die Frage, ob das Grundstück wesentlich oder unwesentlich beeinträchtigt wurde, sei die tatsächliche Zweckbestimmung des Grundstücks entscheidend. Niemand könne verpflichtet werden, sein Grundstück so zu bewirtschaften, dass es auch den Einwirkungen von Herbiziden Stand halte. Die Art der Landbewirtschaftung liege vielmehr in der freien Entscheidung des Grundeigentümers.

Niemand wird über dieses Urteil restlos glücklich sein. Der mit der Giftspritze hantierende Grundbesitzer wird unzufrieden sein, weil er - in Ausnahmefällen - Schadensersatz leisten muss. Der Bio-Bauer wird bedauern, dass ausschließlich wirtschaftliche Grundsätze den Einsatz der chemischen Keule rechtfertigen. Noch größer wird das Unbehagen aber dann, wenn man diese Grundsätze auch auf die Verwendung von Pflanzenschutzmitteln im **Haus- und Kleingarten** überträgt. Schließlich müsste jeder Hobbygärtner begriffen haben, dass Pflanzenschutzmittel im Garten nur mit großer Vorsicht und nach sorgfältiger Abwägung einzusetzen sind.

Anders das ***Amtsgericht Neu-Ulm.*** Es hatte über den Streit von zwei Kleingärtnern zu entscheiden, deren Parzellen aneinander grenzten. Der eine Kleingärtner war überzeugter Anhänger der biologischen Kleingartenkultur, während sein Nachbar unter anderem mit den Pflanzenschutzmitteln Folidol, Cupravit und Parathion arbeitete. Der Bio-Kleingärtner klagte auf Unterlassung. Der Beklagte wandte dagegen ein, die Verwendung von Pflanzenschutzmitteln entspreche den allgemeinen Regeln für die gärtnerische Betreuung der Gartenanlage und sei auch ortsüblich. Im übrigen seien die verwendeten Mittel alle als unschädlich anerkannt. Das Amtsgericht Neu-Ulm hat mit Urteil vom 26. 3. 85 (AZ: 2 C 1161/84) die Klage abgewiesen. Es stellte sich auf den Standpunkt, dass nach dem Ergebnis der Beweisaufnahme die Verwendung chemischer Spritzmittel in der Kleingartenanlage üblich sei. Infolgedessen müsse der Kläger gemäß § 906 Abs. 2 BGB auch wesentliche Beeinträchtigungen seines Grundstücks durch Verwendung chemischer Spritzmittel hinnehmen. Das Gericht weigerte sich, über die vom Kläger behauptete Körperverletzung Beweis zu erheben, »weil es sich bei den vom Beklagten verwendeten Mitteln um zugelassene Spritzmittel handelt.« Und dann holt das Gericht zum Paukenschlag aus.

§

»Im übrigen ist es nicht Aufgabe des Gerichts festzustellen, ob die Verwendung chemischer Spritzmittel zweckmäßig oder unzweckmäßig ist. Dass eine gewisse Giftwirkung von solchen Mitteln ausgeht, kann sicher nicht bestritten werden. Es kommt eben auf das Ausmaß der Anwendung an. Ein Leben ohne Chemie ist in unserem Jahrhundert nicht mehr denkbar. Wenn man die vom Kläger geforderten Maßstäbe anlegen wollte, dann müsste sofort jeglicher Autoverkehr und die Benützung jedes Kamines eingestellt werden. Denn die aus den Auspuffrohren und aus den Kaminen entweichenden Gifte, die ja nahezu ununterbrochen ausströmen, haben eine ungleich schädlichere Einwirkung auf die Umwelt als die Spritzmittel eines Kleingärtners, die nur wenige Male im Jahr Verwendung finden.«

Das Amtsgericht hat dabei einiges übersehen. Die allgemeine Belastung der Menschen durch Umweltgifte jeglicher Art darf keine Rechtfertigung für ein Spritz-Festival sein. In Klein- und Hausgärten haben Pflanzenschutzmittel nichts verloren.

Richtig ist, dass alle Pflanzenschutzmittel von der Biologischen Bundesanstalt im Einvernehmen mit dem Bundesgesundheitsamt zugelassen werden müssen. Daraus aber auf ihre Ungefährlichkeit zu schließen, ist ein Kurzschluss. Schließlich gilt die amtlich attestierte Unbedenklichkeit nur bei »bestimmungsgemäßer und sachgerechter Anwendung«. Aber auch dann ist eine Gefährdung nicht auszuschließen. Schon allein deshalb nicht, weil die Langzeitwirkung und die Folgen aus der Kombination mit anderen Chemikalien nicht berücksichtigt werden. Ganz abgesehen von den Auswirkungen auf Kleinlebewesen und Grundwasser.

Die derzeitige Rechtslage ist also denkbar unbefriedigend. Der Bundesgesetzgeber hätte das ändern können. Er ist zuständig für den Schutz der Kulturpflanzen. Der Bundestag hat auch am 15. September 1986 ein neues **Pflanzenschutzgesetz** erlassen, das am 1. Januar 1987 in Kraft getreten ist. Das Gesetz wurde mit Bekanntmachung vom 14. 5. 1998 novelliert. Das von den Umweltverbänden geforderte Spritzverbot für öffentliche Flächen, für Haus- und Kleingärten ist in diesem Gesetz nicht enthalten.

Baden-Württemberg hat aus diesem Dilemma die Konsequenzen gezogen. Es hat mit dem Gesetz vom 17. 12. 1990 über die Einschränkung der Verwendung von Pflanzenschutzmitteln im Garten ein Verbot für Herbizide erlassen. Im Garten dürfen weiterhin nur solche Pflanzenschutzmittel verwandt werden

- die nicht als giftig oder sehr giftig eingestuft sind;
- nicht bienengefährlich sind;
- für den Einsatz in Wasserschutzgebieten nicht verboten sind;
- keine Wartezeit von mehr als 21 Tagen haben.

Der ***Verwaltungsgerichtshof Mannheim*** hat mit Urteil vom 16. 5. 1995 (Natur und Recht 1996, S. 37) entschieden, dass dieses Gesetz verfassungskonform ist.
Mit Wirkung vom 21. 10. 1992 hat das Land **Berlin** durch Änderung des Naturschutzgesetzes (§ 29 Abs. 2) eine dem Land Baden-Württemberg vergleichbare Regelung vorgenommen. »Im Freien dürfen außerhalb landwirtschaftlich und erwerbsgärtnerisch genutzter Flächen Stoffe, die dazu bestimmt sind, Pflanzen abzutöten oder Flächen von Pflanzenwuchs freizumachen oder freizuhalten (Herbizide), sowie sonstige Pflanzenschutzmittel im Sinne des Pflanzenschutzgesetzes, die nach der Gefahrstoffverordnung als sehr giftig oder giftig eingestuft wurden oder eine Wasserschutzgebotsauflage hatten, nicht angewendet werden. Das Anwendungsverbot gilt insbesondere für:
1. Hausgärten, Kleingärten und sonstige Gärten, ...«

Rasenmäher

Auch der Rasen im naturnahen Garten muss hin und wieder gestutzt werden. Aber nicht so häufig wie ein englischer Parkrasen. Wer keine Sense zur Hand hat, muss den Rasenmäher benutzen. Der Gartenfreund tut gut daran, die Ohren der Nachbarn zu schonen (siehe Seite 41ff.) und bewegt den Rasenmäher daher nicht zur unrechten Zeit. Wann man ihn einsetzen darf, bestimmt sich nach der 32. Verordnung zur Durchführung des Bundesimmissionsschutzgesetzes vom 29. August 2002 (BGBl. I, S. 3478), der so genannten **Rasenmäherlärm-Verordnung**.

Diese Verordnung gilt für motorgetriebene Rasenmäher und bestimmt zunächst, welche Emissionswerte die Geräusche der Rasenmäher nicht überschreiten dürfen. Damit werden die Fabrikanten und Händler angesprochen. Außerdem bestimmt die Verordnung, dass Rasenmäher an Werktagen in der Zeit von 20 bis 7 Uhr sowie an Sonn- und Feiertagen nicht betrieben werden dürfen.

Die Bundesverordnung lässt die Möglichkeit offen, die Ruhezeiten noch weiter auszudehnen. In vielen Ländern und Gemeinden ist das bereits geschehen.

Meist wird die Benutzung des Rasenmähers auch für die Mittagszeit verboten. Und manchmal wird zwischen Handmäher sowie Benzin- und Elektromotoren unterschieden. Es lohnt sich jeweils eine Anfrage bei der Gemeinde.

Samenflug

Bei der Behandlung des Laub- und Blütenfalls (siehe Seite 82 ff.) haben wir schon feststellen müssen, wie unterschiedlich die Gerichte diesen Vorgang bewerten. Das ist eigentlich erstaunlich, denn das Herunterfallen der Blätter von einem Baum ist ein ganz und gar natürlicher Vorgang, der vom Menschen nur sehr wenig beeinflusst werden kann. Hier spielen also »ideologische« Momente über die Art der Gartengestaltung keine Rolle.

Ungleich schwieriger wird es dann, wenn aus dem naturnahen Garten **Unkrautsamen** auf Nachbars Grundstück fliegen. Wenn dieser Nachbar den herkömmlichen gepflegten Zierrasen bevorzugt, wird es kritisch. Der Nachbar wähnt sich im Recht und verlangt die Beseitigung der Unkraut-Wildnis. - Einen solchen Anspruch wird er kaum durchsetzen können.

Wie beim Problem Laubfall wäre auch hier wieder als Anspruchsgrundlage an die §§ 1004, 906 BGB zu denken (siehe Erläuterungen beim Kapitel »Laub- und Blütenfall«). Reichsgericht und Bundesgerichtshof haben aber übereinstimmend einen Unterlassungsanspruch gemäß § 1004 BGB immer dann verneint, wenn die Beeinträchtigung eines Grundstücks ausschließlich auf Naturkräfte zurückzuführen war. Wenn also Unkrautsamen durch den Wind auf das Grundstück des Nachbarn getrieben wird, dann sind hier ausschließlich Naturkräfte verantwortlich. Ein Anspruch auf Beseitigung der Unkräuter besteht nicht.

Es gibt in keinem Bundesland eine gesetzliche Verpflichtung für den Gartenbesitzer, sein Grundstück von Unkräutern frei zu halten (vgl. die umfangreichen Ausführungen bei Walter Dehner, Nachbarrecht, 7. Auflage, Anm. B § 16 II 5). Eine Verpflichtung zur Beseitigung der **Störung** wurde nur dann ausnahmsweise bejaht, wenn die Wildkräuter bewusst gepflanzt und nicht in Schach gehalten wurden. Dieser Auffassung hat sich das ***Landgericht Stuttgart*** in einer Entscheidung vom 27. 11. 1964 angeschlossen (Recht der Landwirtschaft 1965, S. 22). Das Gericht hatte über folgenden Fall zu entscheiden:

Die Parteien waren Grundstücksnachbarn. Beide Grundstücke waren ursprünglich Weinberge. Der Beklagte rodete seine Weinstöcke, pflanzte Obstbäume an und nutzte im übrigen sein Grundstück weder gärtnerisch noch landwirtschaftlich.

Der Kläger (weiterhin Bewirtschafter eines Weinberges) behauptete, auf dem Grundstück des Beklagten wüchsen unter anderem Brennnesseln, Brombeeren, Eschen, Schwarzdorn, Gundelreben, Salweiden und dergleichen mehr. Durch den Samenflug würde die Bewirtschaftung seines Grundstückes empfindlich beeinträchtigt. Er verlangte daher die Beseitigung des schädlichen Unkrauts.

Der Beklagte wandte ein, es handle sich bei dem beanstandeten Unkraut in Wahrheit um wild wachsende Heilpflanzen, und er habe den Wunsch, die unberührte Natur zu genießen.

Das Landgericht hat die Klage abgewiesen und betont, dass es keinen klagbaren Anspruch gibt, das Eindringen von Unkrautsamen zu verhindern. Jedenfalls dann nicht, wenn es sich um einen von Natur gegebenen Zustand handle. Denn in einem solchen Fall stünden keine Interessen des Gemeinwohls, sondern lediglich die widerstreitenden Einzelinteressen auf dem Spiel.

Anders wäre die Rechtslage dann zu beurteilen, wenn der Beklagte das Unkraut angesät und später sich selbst überlassen hätte. In dem streitigen Fall wurde aber - abgesehen von den Obstbäumen - nichts gepflanzt. Der Beklagte habe das Grundstück vielmehr lediglich brachliegen lassen.

Diese Entscheidung ist auf heftige Kritik gestoßen, weil sie das verfassungsrechtlich garantierte Wohl der Allgemeinheit nicht beachtet habe:

§

»Geht man aber vom Brachland aus, das den Streitgegenstand bildet, so wird ersichtlich, dass eine Schadenswirkung biologisch über das Nachbargrundstück hinausgeht und soziologisch nicht nur den Kläger, sondern einen weiteren in seiner Zahl unbestimmten Personenkreis betrifft.«
(aus Foag: »Unkraut aus dem Nachbargrundstück«,
Recht der Landwirtschaft 1965, S. 85 ff.)

Das ***Oberlandesgericht Karlsruhe*** hat sich diese Kritik zu Herzen genommen und in einem Beschluss vom 4. 6. 1971 dem Landgericht Stuttgart widersprochen (Recht der Landwirtschaft 1972, S. 8). Allerdings ist anzufügen, dass sich das Oberlandesgericht mit einem Extremfall zu befassen hatte. Das Grundstück des Beklagten wurde alljährlich zu einem regelrechten Brennnesselmeer; die Brennnesseln ergriffen auch von Nachbars Grundstück Besitz. Das Gericht bejahte den eingeklagten Unterlassungsanspruch mit folgender Begründung:

§

»Wenn, wie im folgenden Fall,
- die in Frage stehenden Grundstücke inmitten einer ausgesprochenen Wohngegend gelegen sind,
- die Grundstücke dieser Wohngegend ersichtlich gärtnerisch genutzt und gepflegt werden,
- das Grundstück (der Beklagten) durch überdurchschnittliche Verunkrautung, um nicht zu sagen Verwahrlosung, aus dem allgemeinen Rahmen fällt,
- die Beklagten ohne großen Aufwand die Möglichkeit gehabt hätten, der Verwahrlosung ihres eigenen und damit der Beeinträchtigung des klägerischen Grundstücks Einhalt zu gebieten,
- sich statt dessen nicht nur im Jahre 1970, sondern auch schon in vorausgegangenen Jahren weigerten, gegen die von ihrem Grundstück ausgehende Beeinträchtigung des Nachbargrundstücks etwas zu tun,

dann sind nach Auffassung des Senats die notwendigen Einzelumstände gegeben, die unter Berücksichtigung des § 242 BGB das nachbarrechtliche Gemeinschaftsverhältnis zu einem gegenseitigen Rechtsverhältnis mit der Folge erstarken lassen, dass für die Beklagten die Verpflichtung entstand, die Beeinträchtigung des klägerischen Grundstücks durch von ihrem Grundstück ausgehenden Samenflug zu unterbinden.«

Das ***Amtsgericht Tecklenburg*** musste sich im Urteil vom 14. 2. 1979 mit einem Normalfall befassen (Monatsschrift für Deutsches Recht, 1981, S. 51). In einer Neubausiedlung gab es auch unbebaute Grundstücke. Der Eigentümer einer nicht bebauten Parzelle mähte nur einmal jährlich die wild wuchernde Wiese. Das Amtsgericht Tecklenburg gab ihm recht und wies die Klage des Nachbarn ab. In den Urteilsgründen ließ das Amtsgericht erkennen, dass es sich in Extremfällen der Auffassung des Oberlandesgerichts Karlsruhe anschließen würde.
Drei Entscheidungen aus neuester Zeit bestätigen die hier skizzierte Rechtsprechung.

- ***Oberlandesgericht Schleswig***, Urteil vom 12. 1. 1993 (Natur und Recht 1994, S. 103):
  »Der Eigentümer eines landwirtschaftlich genutzten Grundstücks kann nicht von seinem Nachbarn Beseitigung von Disteln verlangen, die auf dessen Grundstück wachsen. Das gilt auch, wenn der Eigentümer ökologischen Anbau von Feldfrüchten betreibt.«

- ***Oberlandesgericht Düsseldorf***, Urteil vom 17. 2. 1993 (AZ:. 9 U 205/92):
  »Der Eigentümer kann grundsätzlich das Herüberwehen von Unkrautsamen nicht abwehren.
  In die Beurteilung der Frage, ob die von der störenden Benutzung eines Grundstücks ausgehende Einwirkung wesentlich ist, sind auch die gerade mit dieser Benutzung verbundenen Vorteile einzubeziehen.«

- ***Oberlandesgericht Düsseldorf***, Urteil vom 29. 6. 1996 (Neue Juristische Wochenschrift - Rechtsprechungsreport 1995, S. 1231):
  »Führt Samenflug von einem brachliegenden Grundstück zu Beeinträchtigungen des Nachbargrundstücks (hier: Schäden an Erika-Kulturen), so steht dem Nachbar wegen der erlittenen Schäden kein nachbarrechtlicher Ausgleichsanspruch zu, wenn der schadensursächliche Samenflug nur auf Grund einer Verquickung außergewöhnlicher Umstände stattgefunden hat.«

Es bleibt also festzustellen, dass die Gerichte nicht bereit sind, der auf Beseitigung des Unkrauts gerichteten Klage des Nachbarn Recht zu geben. Es sei denn, das Unkraut wächst in den Himmel und über Grenzen.

Dennoch bleibt ein Unbehagen. Allen Entscheidungen ist anzumerken, dass der Begriff »Unkraut« Aversionen auslöst. Das ist verständlich, denn in dem herkömmlichen Garten hat Unkraut nichts zu suchen. In ihm dürfen aus falsch verstandener Ordnungsliebe nur wenige, häufig exotische Pflanzenarten wachsen. Im **naturnahen Garten** ist dagegen Platz für eine Vielzahl heimischer Pflanzen- und Tierarten. Statt eines englischen Rasens mit zwei oder drei hochgezüchteten Grassorten dürfen auf einer naturnahen Wiese auch Löwenzahn, Hahnenfuß und Margerite wachsen. Und Brennnesseln oder Giersch wird nicht gleich mit der chemischen Keule zu Leibe gerückt. Diese heimischen Pflanzen werden gewöhnlich als »Unkräuter« bezeichnet, also als unerwünschte Kräuter. Unkräuter heißen sie nur, weil sie bei einer wirtschaftlichen Bodennutzung stören. Der Begriff »Wildkräuter« wäre viel besser. In der Natur gibt es keine Unkräuter. So ist zum Beispiel die Brennnessel Futterpflanze für die Raupen zahlreicher Schmetterlinge. Außerdem kann sie als Heilpflanze genutzt werden und zeigt zudem nährstoffreichen Boden an.

Im Gegensatz zum gepflegten, aber sterilen Garten, ist Vielfalt das Kennzeichen eines naturnahen Gartens. Der Garten wird zum Lebensraum für zahlreiche Tier- und Pflanzenarten. In einem solchen Garten gibt es eine natürliche Selbstregulierung. »Schädlinge« und »Unkräuter« werden durch natürliche Feinde und Konkurrenten in Schach gehalten. Wer sich in seinem Garten eine Biowiese anlegt, führt seinen Garten wieder in einen von Natur gegebenen Zustand zurück.

Und wer seine Stauden im Winter nicht mehr zurückschneidet, bietet den Vögeln eine wichtige Nahrungsquelle. An den abgestorbenen Pflanzenteilen der Stauden überwintern zahlreiche Nützlinge des Gartens, angefangen beim Marienkäfer. Daher gilt für den Gartenfreund das Lob der scheinbaren Unordnung.

Diese Auffassung setzt sich immer mehr durch. Auch in den Amtsstuben. In zahlreichen Städten wird das öffentliche Grün nicht mehr so penibel gepflegt wie früher. Es dürfen wieder Wiesen wachsen. In der Fachliteratur findet man allerdings immer noch die Behauptung, dass in den Ländern

Hessen, Niedersachsen, Nordrhein-Westfalen, Rheinland-Pfalz, Saarland und Schleswig-Holstein alle Grundstückseigentümer zur Bekämpfung bestimmter Unkrautarten verpflichtet seien. Richtig ist, dass es in diesen Bundesländern Verordnungen zur Bekämpfung der Unkräuter gegeben hat. Man sprach aber auch von einer Art gesetzlicher Grunddienstbarkeit gegen die Verunkrautung. Inzwischen sind diese Verordnungen alle ersatzlos aufgehoben worden. Es gibt also in keinem einzigen Bundesland mehr eine gesetzliche Verpflichtung für den Gartenbesitzer, sein Grundstück von Unkräutern freizuhalten. Besser kann wohl kaum der Sinneswandel dokumentiert werden. Eine der neuesten Entscheidungen zum Samenflug befasst sich mit folgendem Fall: Der Kläger behauptete, dass von den drei Ahornbäumen des Nachbargrundstücks jährlich Zehntausende von Sämlingen in seinen Garten gelangten und dort die Nutzpflanzen überwucherten. Das ***Oberlandesgericht Düsseldorf*** wies die Schadensersatzklage mit Urteil vom 6. 7. 1988 ab (Natur und Landschaft 1989, S. 28).

Tierhaltung in Haus und Garten

Öffentliches Ordnungsrecht und privates Nachbarrecht sind eng miteinander verzahnt. Für das Bellen von Nachbars Hunden sind sowohl Behörden wie auch Gerichte zuständig. Und außerdem: Was jedermann weiß, erkennen auch Juristen: Tier ist nicht gleich Tier. Da dies ein Thema ist, das vielen Menschen sehr zu Herzen geht, muss es ausführlich behandelt werden, auch wenn nicht alle mit der Tierhaltung zusammenhängenden Fragen hier untersucht werden können. Denn dieses Buch beschränkt sich bewusst auf das Gartenrecht und alle damit in Zusammenhang stehenden Probleme. Gehen wir systematisch an die Lösung.

Voraussetzungen für das Halten von Haustieren

Wer sich einen Hund oder eine Katze zulegen will, braucht dazu keine behördliche Genehmigung. Für den Hund muss er Steuern zahlen, für die Katze nicht. Diese Entscheidungsfreiheit sollte allerdings niemanden von der selbstkritischen Prüfung abhalten, ob er bereit ist, dauerhaft für Hund oder Katze zu sorgen. Viele mit großer Begeisterung erworbenen Tiere landen bald im Tierheim oder werden gar ausgesetzt. Oder werden aus Unkenntnis nicht artgerecht gehalten. Wer im städtischen Bereich andere **Haustiere** halten will, benötigt dazu unter Umständen die Genehmigung der Gemeinde.

Erste Frage: **Was ist ein Haustier?**

Schon dieser Begriff macht Schwierigkeiten, denn er ist nirgendwo definiert. Das Reichsgericht verstand darunter Tiere, die vom Menschen

§ »in seiner Wirtschaft zu seinem Nutzen gezogen und gehalten werden.«

Unter »Wirtschaft« war natürlich nicht eine Gastwirtschaft zu verstehen. Das Reichsgericht meinte: in seinem Verantwortungsbereich, in seinem Herrschaftsbereich, oder so ähnlich. Albert Lorz setzt sich in seinem grundlegenden Aufsatz »Haustiere - Heimtiere - Nutztiere« (Natur und Recht 1989, S. 337 ff.) mit den begrifflichen Unterscheidungsmerkmalen auseinander. Unter die Haustiere fallen danach unter anderem:

§

»Hunde, Katzen, Pferde, Esel, Rinder, Schweine, Ziegen, Schafe, Kaninchen, Gänse, Enten, Hühner, Tauben.«

Dagegen gehören nicht dazu:

§

»Affen, Kanarienvögel, Schlangen, Papageien, Stubenvögel, Zierfische, Meerschweinchen, Goldhamster, Schildkröten, Igel, Frösche.«

Für die Haltung **aller** Tiere gilt die sehr wichtige Bestimmung in § 2 des Tierschutzgesetzes vom 18. 8. 1986 in der seit 25. 4. 2006 geltenden Fassung:

§

»Wer ein Tier hält, betreut oder zu betreuen hat,

1. muss das Tier seiner Art und seinen Bedürfnissen entsprechend angemessen ernähren, pflegen und verhaltensgerecht unterbringen,
2. darf die Möglichkeit des Tieres zu artgemäßer Bewegung nicht so einschränken, dass ihm Schmerzen oder vermeidbare Leiden oder Schäden zugefügt werden,

§

3. muss über die für eine angemessene Ernährung, Pflege und verhaltensgerechte Unterbringung des Tieres erforderlichen Kenntnisse und Fähigkeiten verfügen.«

Darüber hinaus gilt der von Rechtsprechung und Rechtslehre entwickelte allgemeine Grundsatz, dass Haustiere stets so zu halten sind, dass durch sie die Nachbarschaft nicht wesentlich gestört wird. Einige Länder haben diese Forderung in speziellen Vorschriften konkretisiert. Dabei ist auffallend, wie unterschiedlich die Regelungen in den einzelnen Ländern sind. Bei gleichem Sachverhalt und gleichen rechtlichen Problemen. Mal wird nur die Nachtruhe geschützt, mal wird auf die Gesundheitsgefährdung abgestellt, und in manchen Fällen reicht die unzumutbare Belästigung aus. Einige Länder haben auch die bis vor kurzem geltenden Vorschriften aufgehoben. Es ist daher ratsam, die Regelungen in den einzelnen Ländern genau anzuschauen.
In **Baden-Württemberg** erfolgt die Bekämpfung des Lärms von Haustieren durch kommunale Polizeiverordnungen. Grundlage dafür ist eine Musterpolizeiverordnung des Gemeindetages von Baden-Württemberg aus dem Jahre 1985, die in § 6 (Lärm durch Tiere) folgenden Formulierungsvorschlag für Städte und Gemeinden enthält.

§

»Tiere, insbesondere Hunde, sind so zu halten, dass niemand durch anhaltende tierische Laute mehr als nach den Umständen unvermeidbar gestört wird.«

In **Bayern** bestimmt Art. 14 des Bayer. Immissionsschutzgesetzes vom 8. 10. 1974 in der Fassung vom 25. 5. 2003, dass die Gemeinden »zum Schutz vor unnötigen Störungen« Verordnungen über das Halten von Haustieren erlassen können.
In **Berlin** gilt die Verordnung zur Bekämpfung des Lärms in der Fassung vom 14. 6. 1984. § 6 bestimmt:

§

»Tiere sind so zu halten, dass Dritte durch Geräusche nicht objektiv unzumutbar gestört werden können.«

In **Bremen** sind gemäß § 21 der Straßenordnung vom 1. 9. 1969 »Hunde, Katzen und Geflügel so zu halten, dass die Öffentlichkeit weder durch Geräusche noch in sonstiger Weise unzumutbar belästigt wird.«
In **Hamburg** gilt die Verordnung zur Bekämpfung gesundheitsgefährdenden Lärms (LärmVO) vom 6. 1. 1981 in der Fassung vom 15. 3. 1988. § 4 (Halten und Fernhalten von Tieren) legt fest:

§

»Tiere sind so zu halten, dass durch den von ihnen erzeugten Lärm niemand mehr als zumutbar oder nach den Umständen unvermeidbar gestört wird.«

In **Hessen** gilt die »Gefahrenabwehrverordnung gegen Lärm (LärmVO)« vom 16. Juni 1993 i. d. Fassung vom 11. 9. 2001. § 8 (Halten von Tieren) lautet:

§

»Wer für Tiere verantwortlich ist, hat dafür zu sorgen, dass Dritte nicht mehr als nach den Umständen unvermeidbar durch den von diesen Tieren ausgehenden Lärm beeinträchtigt werden.
Übliche Geräusche und Laute aus der landwirtschaftlichen Tierhaltung, die auf landwirtschaftlichen Grundstücken oder in landwirtschaftlichen Gebäuden betrieben wird, gelten als unvermeidbar.«

In **Nordrhein-Westfalen** bestimmt § 12 des Landesimmissionsschutzgesetzes vom 18. 3. 1975 in der Fassung des Gesetzes vom 15. 12. 1993:

§

»Tiere sind so zu halten, dass niemand durch die hiervon ausgehenden Immissionen, insbesondere durch den von den Tieren erzeugten Lärm mehr als nur geringfügig belästigt wird.«

In **Niedersachsen** gibt es keine gesetzliche Regelung zur Bekämpfung des Tierlärms. Verschiedentlich haben Gemeinden Satzungen zur Lärmbekämpfung erlassen.
In **Rheinland-Pfalz** fordert § 10 des Landesgesetzes zur Neuordnung des Landesimmissionsschutzgesetzes vom 20. 12. 2000:

§

»Halten von Tieren
Tiere sind so zu halten, dass niemand durch die Immissionen, die durch sie hervorgerufen werden, erheblich belästigt wird. Vorschriften für die landwirtschaftliche Tierhaltung bleiben unberührt.«

In **Schleswig-Holstein** ist die Verordnung zur Bekämpfung des Lärms vom 16. 12.1966 inzwischen außer Kraft getreten. Es gibt keine landesrechtliche Regelung mehr über den von Haustieren ausgehenden Lärm.
Wie schon erwähnt, gibt es **Haustiere,** die nur mit behördlicher Genehmigung gehalten werden dürfen. Darüber entscheiden die jeweiligen Gemeinden. Es gibt dazu keine bundesgesetzliche Regelung.
Unter den Haustieren überwiegen Hunde und Katzen. Sie machen auch den Juristen die meisten Schwierigkeiten, und das aus ganz verschiedenen Gründen.
Bei den **Hunden** geht das Gebell vielen Nachbarn auf die Nerven. Wir befassen uns damit im Kapitel »Tierlärm und der Nachbar« (siehe Seite 122 ff.)
Bei den **Katzen** haben die unerbetenen Hausbesuche und der Vogelschutz die meisten Konflikte zur Folge. Es ist daher notwendig, auch der Katzenhaltung eine gesonderte Überschrift zu widmen.

Katzenhaltung

Die Liebe zu Katzen kann sehr schnell und dauerhaft zur Feindschaft zwischen Nachbarn führen. Insbesondere dann, wenn neben dem Katzenhalter ein Vogelfreund wohnt, der die Tiere füttert. Jeder der verfeindeten Nachbarn kann sich auf seine Tierliebe berufen.
Der Vogelfreund verlangt, dass die Katze im Haus eingesperrt oder an die Leine gelegt oder mit einem Glöckchen versehen wird. Der Katzenliebhaber weist darauf hin, dass das Füttern von Vögeln ohnehin wenig sinnvoll sei.
So alltäglich das Problem, so unübersichtlich die Rechtslage und so widersprüchlich die Entscheidungen deutscher Gerichte.
Das ***Amtsgericht Mannheim*** hatte 1984 den erbitterten Streit zweier Nachbarn zu entscheiden. Die Parteien wohnten in einer Reihenhauszeile in Mannheim. Der Kläger hielt keine Tiere. Die Beklagten hatten zwei Katzen. In der übrigen Nachbarschaft gab es ebenfalls zahlreiche Katzen.
Der Kläger brachte vor, dass eine der Katzen des Nachbarn nachts in sein Schlafzimmer eingedrungen sei und auf die Bettdecke uriniert habe. Er verlangte die Erstattung der Reinigungskosten. Außerdem sollten die Katzenhalter verurteilt werden, dafür zu sorgen, dass die Katzen sein Haus nicht mehr betreten können.
Das Amtsgericht hat die Klage am 15. 3. 1984 abgewiesen. Dem Schadensersatzanspruch hat es nicht stattgegeben, da die Täterschaft nicht nachgewiesen sei. Zu der viel interessanteren Frage, ob der Nachbar verurteilt werden könne, seine Katzen im Haus zu verwahren, meinte das Gericht:

§

»Seit Jahrhunderten (seit der Kreuzzüge) wird in Deutschland und Europa, seit fünf Jahrtausenden wird in anderen wärmeren Gegenden der Erde die Hauskatze (Felis domestica) zur Mäusevertilgung als Haustier gehalten. Katzen gehören daher von alters her zu der natürlichen Umwelt des Menschen. Ihre Haltung ist auch heute noch, ebenso wie die Haltung eines Hundes, Bestandteil der allgemeinen Lebensführung und daher grundsätzlich jedermann gestattet. Zu den wesensimmanenten Eigenschaften der

Hauskatze gehört unter anderem, dass sie ungeachtet ihrer Domestikation eigenwilliger und selbstständiger als der Hund ist. Als einzeljagende Schleichräuberin bedarf sie artgemäß, insbesondere bei Nacht, des Freilaufs, weswegen dieser Bestandteil ihrer gesetzlich vorgeschriebenen artgemäßen Haltung ist. Bei diesem Freilauf verlässt die Hauskatze ihrem natürlichen Instinkt folgend Haus und Hof ihres Halters und dringt, je kleiner die Grundstücke ihrer Halter und deren Nachbarn heute werden, umso öfter in die Grundstücke der Nachbarn ein. Weil dieses Verhalten indessen der in ihr wirkenden Wildnatur als Raubtier begründet ist, ist nach der Auffassung des Gerichts durch das Eindringen der Hauskatze in andere Grundstücke als die ihrer Halter das Tatbestandsmerkmal der **Beeinträchtigung** (§ 1004 BGB) im Eigentum Dritter stehender Grundstücke selbst dann nicht erfüllt, wenn die Katze dort gelegentlich Exkremente ausscheidet. Dieser Sachverhalt stellt sich als natürliche und daher vom Eigentümer hinzunehmende Grundstücksbeeinträchtigung und nicht als unzulässige Störung seitens des Katzenhalters dar.«
(Urteil vom 15.3.1984, AZ: 9 C 5/84)

Das Amtsgericht hat in der geschichtlichen Darstellung sicherlich Recht. Aber es erscheint doch sehr zweifelhaft, ob das Halten von Katzen heute noch mit dem Vertilgen von Mäusen begründet werden kann. Das gilt nach wie vor in der dörflichen Gemeinschaft, wohl kaum aber im städtischen Bereich. Da ist es einfach die Freude an diesen so geschmeidigen, kuschligen und letztlich dennoch fremden Wesen. Verständlich. Aber die Grundstückspreise werden immer höher und damit die Grundstücke immer kleiner. Die Tuchfühlung mit dem Nachbarn nimmt zu und die gegenseitige Rücksichtnahme ab. Unter solchen Verhältnisse ist es schwer, den Kot von Nachbars Katze im eigenen Bett als situationsbedingt zu akzeptieren.
Die Naturschutzverordnung vom 18. 3. 1936 gab dem Gartenbesitzer ein beschränktes Abwehrrecht. Zu bestimmten Jahreszeiten durfte er eingedrungene fremde und unbeaufsichtigte Katzen fangen. Diese Vorschrift gilt heutzutage aber nicht mehr.

Damit es zu keinem Missverständnis kommt: Selbstverständlich darf die fremde Katze vom eigenen Grund vertrieben werden. Aber nur unter Beachtung des **Tierschutzgesetzes:**

§

§ 1

Zweck dieses Gesetzes ist es, aus der Verantwortung des Menschen für das Tier als Mitgeschöpf dessen Leben und Wohlbefinden zu schützen. Niemand darf einem Tier ohne vernünftigen Grund Schmerzen, Leiden oder Schäden zufügen.

Das Problem, mit dem sich die Gerichte herumschlagen müssen, konzentriert sich auf die Frage, ob aus dem Gesichtspunkt der Besitzstörung dem Nachbarn das Halten einer Hauskatze untersagt werden kann. Weil die Katze ins fremde Grundstück eindringt, Vögel frisst, Goldfische fängt, Kot in den Garten oder gar ins Schlafzimmer macht.

Das Amtsgericht Mannheim hat - wie schon erwähnt - den Anspruch unter Hinweis auf die geschichtliche Funktion der Katze verneint.

Das ***Amtsgericht Passau*** sieht das völlig anders. Es musste 1983 über folgenden Fall entscheiden:

Die Beklagten sind Eigentümer zweier Katzen. Im Frühjahr lief - wie schon früher - eine der Katzen auf das Grundstück des benachbarten Klägers. Dort jagte sie Vögel, verschmutzte die Terrasse des Klägers mit Kot, zerkratzte beim Übersteigen der Umfriedungsmauer des Grundstücks den dortigen Verputz und drang durch die Terrassentür in das Wohnhaus des Klägers ein. Vergleichsverhandlungen scheiterten nach Auffassung des Gerichts an der Unmöglichkeit, Hauskatzen innerhalb des Grundstücks der Beklagten so sicher zu verwahren, dass diese nicht auf das Grundstück des Klägers dringen können.

Das Amtsgericht Passau gab der Unterlassungsklage am 9. 3. 1983 statt, da der Grundstückseigentümer zur Duldung einer solchen Störung nicht verpflichtet sei. Bereits das bloße Betreten des Grundstücks der Kläger durch die Katzen des Nachbarn stelle einen störenden Eingriff in das Eigentum dar. Auf eine besondere Art der Schädigung komme es dabei nicht an. Es gebe keine gesetzliche Verpflichtung, eine solche Störung zu dulden. Der Amtsrichter fügte an, dass diese Entscheidung rechtlich zwingend, menschlich aber nicht voll befriedigend sei (Urteil vom 9. 3. 1983, Natur und Recht 1984, S. 161).

Das Urteil wurde bundesweit beachtet und führte zu stürmischen Protesten der Tier- und insbesondere der Katzenfreunde. Vermutlich fand es auch die nicht gleichermaßen laut geäußerte Zustimmung mancher Bürger. Zugleich machte es erstmals die breite Öffentlichkeit auf die Schwierigkeit der Katzenhaltung im städtischen Wohnbereich aufmerksam. Der Umfang des Konflikts, der sich zwischen Nachbarn und unter Juristen ergeben kann, wurde in vollem Ausmaß in Augsburg deutlich. Das ***Amtsgericht Augsburg*** hatte 1984 über folgenden Fall zu entscheiden:

Kläger und Beklagte wohnten in einer Reihenhauszeile. Der Beklagte hielt eine Katze, die gelegentlich durch die Reihenhausgärten - darunter auch den des Klägers - strolchte. Der Kläger hatte in seinem Garten zwei **Vogeltränken** aufgestellt und beobachtete, dass die Vögel durch die Katze immer wieder vertrieben wurden. Außerdem suchte die Katze gelegentlich sein Schlafzimmer auf. Das Amtsgericht entschied am 26. 4. 1984 den Rechtsstreit. Es verurteilte den Beklagten, dafür Sorge zu tragen, dass seine Katze nicht mehr in das klägerische Grundstück und in die klägerische Wohnung eindringen könne.

Der Amtsrichter begründete sein Urteil damit, dass das Eindringen der Katze eine Besitzstörung darstelle. Den Besuch der Katze im Schlafzimmer brauche der Kläger schon aus hygienischen Gründen nicht zu dulden. Und der Aufenthalt im Garten beeinträchtige ihn im Genuss an seinem Grundstück, da durch die Katze die Vögel von den Vogeltränken vertrieben würden. Aus dem Gesichtspunkt des nachbarschaftlichen Gemeinschaftsverhältnisses sei der Katzenhalter verpflichtet, dafür zu sorgen, dass der Kläger durch die Katze nicht in der Pflege und Hege der Vögel gestört werde (AZ: 3 C 5858/83).

Völlig anders sah den gleichen Fall das ***Landgericht Augsburg***. Es hob am 24. August 1984 das Urteil des Amtsgerichts auf und wies die Klage ab (AZ: 3 S 2099/84). Die Begründung ist interessant:

§

»Das Besitzrecht des Klägers ist jedoch nicht verletzt, soweit er geltend macht, die Katze lauere an seiner Vogeltränke auf seinem Grundstück auf Vögel und beeinträchtige ihn so im Genusse seines Besitzes. Denn freifliegende Vögel sind nicht Bestandteil seines Besitzes und werden es auch nicht, wenn sie seine Vogeltränke aufsuchen. Er erlangt keine tatsächliche Gewalt gemäß § 854 Abs. 1 BGB über die Vögel. Diese Tiere kommen und gehen wie sie wollen und sind deshalb herrenlose Sachen im Sinne des Gesetzes. Bestandteil des Grundstücks des Klägers sind sie nicht. Wenn daher die Katze der Beklagten den Vögeln auf dem Grundstück des Klägers nachstellt, wird das Besitzrecht des Klägers nicht beeinträchtigt.«

Zum gelegentlichen Besuch im Schlafzimmer meinte das Gericht:

§

»Innerhalb eines knappen halben Jahres ist also die Katze nachweislich zweimal kurz im Schlafzimmer des Klägers gewesen. Eine Besitzstörung im rechtlichen Sinne ist dies nicht. Denn eine Besitzstörung im Sinne der §§ 862, 858, 1004, 823 BGB verlangt eine Beeinträchtigung des Besitzes in der Weise, dass ein ruhiger befriedeter Zustand in einen solchen der Rechtsunsicherheit verwandelt wird. Ein solcher Zustand kann durch die Besitzstörungsklage nur dann beseitigt werden, wenn es sich um eine andauernde Beeinträchtigung handelt … Als Besitzstörung kann die Kammer allenfalls anerkennen, dass die Katze das Grundstück des Klägers immer wieder besucht. Dies hat jedoch der Kläger aus dem Gesichtspunkt des nachbarrechtlichen Gemeinschaftsverhältnisses zu dulden … In Wohngegenden wie der streitgegenständlichen (Vorortviertel mit Einfamilienhaus-, Doppelhaus- und Reihenhausbebauung mit Gärten) gehört die Katzenhaltung mit freiem Auslauf zur Lebensführung vieler Familien.«

Anders war der Sachverhalt, über den das ***Landgericht Köln*** am 9. 12. 1981 zu entscheiden hatte. Die streitenden Parteien lebten in einem Doppelhaus in einem Vorort von Köln. Die beklagte Partei hielt in ihrem Haus fünf Katzen. Nach Darstellung des Klägers gelangten die Katzen fast täglich über den 1,80 m hohen Drahtzaun auf sein Grundstück und hinterließen dort ihren Kot und richteten Schäden an Pflanzen an.

Das Landgericht hat der Klage stattgegeben und die Beklagten verurteilt, die Katzen nicht auf das Grundstück des Klägers zu lassen. Wer ein Tier halte, müsse dafür sorgen, dass andere davon weder gestört noch belästigt würden (AZ: 10 O 320/81).

Das ***Oberlandesgericht Köln*** hat am 17. 9. 1982 das Urteil des Landgerichts aufgehoben und entschieden, dass die beklagte Partei in ihrem Haus beliebig viele Katzen halten könne, aber **nur eine Katze frei herumlaufen** lassen dürfe. Das Gericht begründete seine salomonische Entscheidung damit, dass aus dem Gesichtspunkt des nachbarrechtlichen Gemeinschaftsverhältnisses niemandem aus der Haltung einer Katze Vorschriften gemacht werden könnten. Denn die Katzenhaltung mit freiem Auslauf in einer Vorstadtwohnung entspreche den Gepflogenheiten. Es könne nicht erwartet werden, dass diese Katze ständig im Haus gehalten oder nur an einer Leine in den Garten geführt werde. Aus der gegenseitigen Rücksichtnahme leite sich aber auch die Verpflichtung ab, nicht mehr als **eine** Katze frei laufen zu lassen (Neue Juristische Wochenschrift - Rechtssprechungsreport 1985, S. 2338).

Die Richter am ***Landgericht Nürnberg-Fürth*** übernahmen die Betrachtungsweise des Oberlandesgerichts Köln. Sie entschieden im Urteil vom 18. Dezember 1985, dass der Beklagte

§

»zwar in seinem Anwesen beliebig viele Katzen halten, aber nur zwei Katzen frei herumlaufen lassen darf.«

Der Streit war in einer vorstädtischen Reihenhaus-Siedlung entstanden. Das Landgericht sprach sich grundsätzlich für die Katzenhaltung in solchen Reihenhaus-Siedlungen aus. Es sei aber im Rahmen eines sachgerechten Interessenausgleichs zumutbar, auf die **Haltung von mehr als zwei**

Katzen - sofern sie frei herumlaufen dürfen - zu verzichten (AZ: 11 S 7844/84).
Das ***Oberlandesgericht Celle*** hat in einem ähnlichen Prozess die Duldungspflicht des Eigentümers für das Betreten seines Grundstücks auf **eine** Katze reduziert. Nach Auffassung des Gerichts ist kein Grund erkennbar, warum sich jemand mit mehr als einem Haustier umgeben muss (AZ: 3 U 64/85).
Diese Auffassung hat Schule gemacht. Das ***Amtsgericht Neu-Ulm*** verkennt in seiner Entscheidung keineswegs, dass Katzen nicht immer gewillt sind, Grundstücksgrenzen zu respektieren. Aber wer mehrere Katzen hält, muss nach Auffassung des Amtsgerichts zumindest dafür sorgen, dass nicht mehr als eine Katze zur gleichen Zeit in Nachbars Garten herumläuft (Urteil vom 3. 11. 1998, AZ: 2 C 0947/98). Der Nachbar hatte geklagt, nachdem die Katzen seinen Gemüsegarten immer wieder als Klo missbraucht hatten.
Das ***Landgericht Memmingen*** hat sich am 10. 3. 1999 der Meinung des Amtsgerichts angeschlossen.

§

Weitere Entscheidungen zur Katzenhaltung:
»Die von wenigen Katzen ausgehende Beeinträchtigung ist von den Nachbarn hinzunehmen. Dagegen ist die von 17 Katzen ausgehende Störung auch unter Berücksichtigung der örtlichen Verhältnisse unzumutbar.«
(Urteil des *Amtsgerichts Dietz* vom 19. 10. 1984,
Neue Juristische Wochenschrift 1985, S. 2339)

»In Wohngegenden, die aus Häusern mit Gärten bestehen, gehört Katzenhaltung mit freiem Auslauf zur Lebensführung vieler Familien. Da es unmöglich ist, Katzen innerhalb des Grundstücks des Halters so sicher zu verwahren, dass diese nicht auf das Grundstück des Nachbarn entlaufen können, hat der Nachbar auch keinen Anspruch auf Untersagung des Haltens einer Katze, auch wenn das Tier üblicherweise auf dem Nachbargrundstück seine Notdurft verrichtet.«
(*Urteil des Amtsgerichts Rheinberg* vom 28. 11. 1991,
Neue Juristische Wochenschrift – Rechtsprechungsreport 1992, S. 408)

»Die in der Rechtsprechung zum nachbarlichen Gemeinschaftsverhältnis entwickelten Grundsätze können dazu führen, dass es der Grundstücksnachbar in einer mehr ländlich geprägten Wohngegend hinnehmen muss, dass zwei Katzen seines Nachbarn zeitweise sein Grundstück betreten; eine über diese Zahl hinausgehende Katzenhaltung auf dem Nachbargrundstück muss in einem solchen Fall allerdings auch dann nicht hingenommen werden, wenn vermehrter Ratten- und Mäusebefall des streitgegenständlichen Grundstücks behauptet wird.«
(*Urteil des Landgerichts Darmstadt* vom 17.3.1993,
Neue Juristische Wochenschrift – Rechtsprechungsreport 1994, S. 147)

Die bisher zitierten Urteile haben sich mit dem Nachbarrecht befasst. Neuere Entscheidungen behandeln auch die Frage, ob der Katzenhaltung in einer Mietwohnung Grenzen gesetzt sind. Zwei Beispiele:

§

»Führen die aus einer Mietwohnung dringenden Gerüche aus Katzenhaltung zu Belästigungen der anderen Mieter, dann ergibt sich daraus ein Grund für eine fristlose Kündigung des Mietvertrages.«
(*Landgericht Berlin*, Urteil vom 30.9.1996,
Neue Juristische Wochenschrift – Rechtsprechungsreport 1997, S. 395)

»Das Halten von 7 Katzen in einer Dreizimmerwohnung stellt einen vertragswidrigen Gebrauch der Mietsache dar, ohne dass es auf zusätzliche Beeinträchtigungen, etwa durch eine Geruchsbelästigung, ankommt.«
(*Amtsgericht Lichtenberg*, Urteil vom 31.7.1996,
Neue Juristische Wochenschrift – Rechtsprechungsreport 1997, S. 774)

Wer versuchen will, aus den widersprüchlichen Entscheidungen deutscher Gerichte zum Thema Katzenhaltung und Vogelschutz das Fazit zu ziehen, hat es schwer. Er wird bald feststellen, dass sich hinter dem so vordergründig erscheinenden Problem ein guter Teil Gesellschaftspolitik verbirgt. Das mag überraschend klingen, aber es ist auffallend, dass mit zunehmender Unfähigkeit zur zwischenmenschlichen Kommunikation die Zahl der Tierhalter wächst. Nicht jeder, der ein Tier hält, handelt aus Liebe zum Tier, sondern aus Selbstmitleid. Entsprechend gering ist das Verständnis für das artgemäße Verhalten des Tieres. Und entsprechend gering ist auch das Verantwortungsbewusstsein für das erworbene Tier. Tierasyle wissen, in welchem Maße angeblich heißgeliebte Hunde, Katzen oder Schildkröten verstoßen werden.

Und wer den Tieren nicht den notwendigen Lebensraum zu artgemäßem Verhalten bieten kann, begeht in Wahrheit Tierquälerei. Die Zahl der Hauskatzen wird in der Bundesrepublik zur Zeit auf etwa fünf Millionen geschätzt. Darunter sind viele Tiere, die mit einem Glöckchen an der Leine geführt werden.

Da müsste eigentlich allgemeine Katerstimmung aufkommen. Auf einen Grundsatz weisen alle Gerichtsentscheidungen hin: Haustiere sind stets so zu halten, dass durch sie die Nachbarschaft nicht wesentlich gestört wird. Das muss erst recht für die Katzenhaltung gelten, denn im Gegensatz zum Hund ist die Katze nicht ans Haus gebunden.

Aus allerletzter Zeit ist eine Entscheidung des Bayerischen Obersten Landesgerichts von Bedeutung. Durch Mehrheitsbeschluss hatte die Eigentümergemeinschaft eines Mehrfamilienhauses bestimmt, dass Hunde und Katzen sich nicht mehr frei in der Wohnanlage bewegen dürfen. Das Bayerische Oberste Landesgericht sah darin eine zulässige Regelung, die auch mit dem Ziel des Tierschutzes in Art. 20 a des Grundgesetzes zu vereinbaren sei. (AZ: 2 Z BR 099/04).

Wenn das Spannungsverhältnis zwischen Katzen und Vögeln, zwischen Katzenliebhabern und Vogelfreunden behandelt wird, kann das Thema **Winterfütterung der Vögel** nicht ausgespart werden. Hier kann sich der Grabenkrieg zwischen Nachbarn voll entfalten. Verständlich, denn wer seine vertrauensvoll zufliegenden Vögel füttert, will damit nicht Nachbars Katze mästen. Und wer sich für die Winterfütterung engagiert, glaubt sich in Übereinstimmung mit den Zielen des Naturschutzes.

Die Naturschützer und insbesondere die Ornithologen sehen das anders.

Sie erkennen an, dass das Füttern einer bunten Vogelschar eine Begegnung mit der Natur bedeutet. Insbesondere für alte, einsame und kranke Menschen ist es eine Möglichkeit der unbeschwerten Kontaktaufnahme. Und für Kinder ist es bester Naturkundeunterricht. Insofern auch volle Zustimmung der Naturschützer zur Winterfütterung.
Sie hat aber nichts mit Artenschutz zu tun. Keine Vogelart wird durch die Winterfütterung vor dem Aussterben bewahrt. Nahezu alle einheimischen, bei uns überwinternden Vogelarten legen sich rechtzeitig, vor Einbruch des Winters, ein Depotfett an. Damit können sie es problemlos längere Zeit ohne Nahrungsaufnahme überdauern. Nur überdurchschnittlich lange Frost- und Schneeperioden führen zu Verlusten, die aber nach Abschluss des Winters durch eine erhöhte Vermehrungsrate ausgeglichen werden. Der winterliche Engpass dient also der natürlichen Auslese. Nur schwache und kranke Tiere fallen der Wintersterblichkeit zum Opfer. Für die kräftigen Tiere ist meist auch im Winter reichlich Nahrung vorhanden. Durch die Winterfütterung wird jedoch in den Vorgang der Selektion eingegriffen. Es findet keine ausreichende biologische Auslese mehr statt. So wird auch Vögeln mit »ungünstigen« Erbanlagen eine Fortpflanzung ermöglicht.
Intensive und regelmäßige Winterfütterung hat zur Folge, dass im Frühjahr für eine höhere Vogelzahl entsprechend mehr Nahrungsbereiche und Brutplätze benötigt werden. Es entsteht ein harter Konkurrenzkampf, dem andere Arten zum Opfer fallen können. Den in ihrem Bestand bedrohten seltenen Vogelarten hilft die Fütterung schon deshalb nicht, weil sie an den Futterplätzen nicht erscheinen. In den Blättern für Naturschutz und Naturpflege wurde 1927 lakonisch dazu bemerkt:

§

»Mit der winterlichen Vogelfütterung wäre es vergleichbar, im Freien geheizte Öfen gegen die winterliche Kälte aufzustellen.«

Der Rückgang vieler unserer Brutvögel - 45 % aller heimischen Vogelarten sind bereits ausgestorben oder vom Aussterben bedroht - hat andere Ursachen. Nicht die strengen Winter sind daran schuld, sondern die Vernichtung der Lebensräume durch Entfernen von Hecken, Trockenlegen von Wiesen und Verwendung von »Chemie« im Garten und in der Landwirtschaft. Jeder Gartenbesitzer kann zur Verbesserung der Lebensbedingungen für die bedrohten Vogelarten beitragen. Durch Verzicht auf Chemikalien und durch entsprechende Bewirtschaftung seines Gartens. Anpflanzen von Vogelbeerbaum, Kornelkirsche, Holunder und Pfaffenhütchen nützt mehr als fette Meisenringe.

Wer dennoch füttern will, sollte die Vögel vor den Katzen schützen. Denn was für den Menschen der Fernseher, ist für die Katze das Futterhäuschen.

Haltung von »gefährlichen Tieren«

Wer ein gefährliches Tier einer wild lebenden Art halten will, bedarf dazu der Erlaubnis der Gemeinde. Das Bundesgesetz über Ordnungswidrigkeiten vom 24. 5. 1968, in der Fassung vom 12. 5. 2005 BGBe. I 2354, unterscheidet in § 121 zwischen **»gefährlichen Tieren einer wildlebenden Art«** und **»bösartigen Tieren«**. Ein großer Unterschied. Die »Gefährlichkeit« eines Tieres wird durch seine Zugehörigkeit zu einer bestimmten Tierart begründet. Eine Klapperschlange ist auch dann ein gefährliches Tier, wenn ihr sämtliche Giftzähne fehlen. Mit dem »bösartigen« Tier ist dagegen ein bestimmtes Exemplar gemeint. Der Spitz gehört nicht zu den gefährlichen Tieren, kann aber im Einzelfall sehr bösartig sein.

In vielen Gemeinden spielen die so genannten **»Rasselisten«** eine große Rolle. In diesen Verordnungen werden generell Hunde bestimmter Rassen als gefährlich eingestuft und an die Hundehaltung genau beschriebene Anforderungen gestellt. Gegen solche »Rasselisten« bestehen große rechtliche Bedenken (vgl. Hamann: »Kampfhunde«-Verordnungen: endlich eine Ende in Sicht?«, Neue Zeitschrift für Verwaltungsrecht 1999, S. 964).

Durch Bundesgesetz vom 12. 4. 2001 wurde § 143 des Strafgesetzbuches eingefügt:

§

»Unerlaubter Umgang mit gefährlichen Hunden.
Wer einem durch landesrechtliche Vorschriften erlassenen Verbot, einen gefährlichen Hund zu züchten oder Handel mit ihm zu treiben, zuwiderhandelt, wird mit Freiheitsstrafe bis zu zwei Jahren oder mit Geldbuße bestraft. Ebenso wird bestraft, wer ohne die erforderliche Genehmigung oder entgegen einer vollziehbaren Untersagung einen gefährlichen Hund hält.«
Die Grenzen sind fließend. Das Oberlandesgericht Saarbrücken hat in einem Beschluss vom 2. 11. 2006 die Ansicht vertreten, dass eine Wohnungseigentümergemeinschaft durch Mehrheitsbeschluss nicht die Haltung eines Dobermanns untersagen kann (Neue Juristische Wochenschrift 2007, S. 779). Die Haltung von sogenannten Kampfhunden ist derart gefährlich, dass nur zur allergrößten Vorsicht geraten werden kann. Die Länder und die Gemeinden haben unterschiedliche Vorschriften erlassen. Den interessierten Hundehalter ist größte Vorsicht, ein Gang zur zuständigen Gemeinde und der Abschluß einer umfassenden Haftpflichtversicherung anzuraten.

Unter der reichlich makabren Überschrift »Der Spinnenstammtisch« berichtete die Süddeutsche Zeitung am 10. August 2001 über ein sehr gefährliches und daher auch unter Strafe stehendes »Hobby«: Die Sucht, höchst gefährliche Spinnen oder Schlangen in der guten Wohnstube zu halten. Über die dadurch verursachten Giftnotrufe weiß das Klinikum Rechts der Isar in München alljährlich zu berichten. Unbedachter, leichtsinniger Frevel. Außerdem eklatanter Verstoß gegen das Tierschutzgesetz und das Washingtoner Artenschutzübereinkommen.
Die Erlaubnis zum Halten eines gefährlichen Tieres wird nur dann erteilt, wenn:

- der Antragsteller ein berechtigtes Interesse nachweisen kann,
- gegen die Zuverlässigkeit des Antragstellers keine Bedenken bestehen,
- Leben, Gesundheit, Eigentum oder Besitz nicht gefährdet werden.

Am 30. 7. 2001 berichtete die Süddeutsche Zeitung, dass die Münchner Polizei in einer Wohnung einen illegalen Privatzoo ermittelt hatte. Der Wohnungsinhaber hatte bislang unbemerkt tropische Giftschlangen, Skorpione und Echsen, Spinnen, Kröten und Salamander in Terrarien und anderen Behältern eingesperrt. Ein Großteil der Tiere war Polizeiangaben zufolge in einem erbärmlichen Zustand. Im Kühlschrank fanden die Beamten mehrere tote Schlangen.

Die Münchner Abendzeitung schrieb am 12. 3. 2001:

> »Eine Alltags-Szene in München. Im vergangenen Jahr mussten die Tierfänger der Feuerwehr 2091 Mal ausrücken. Weil Hunde und Katzen in Not geraten waren, Bienen und Wespen zur Plage wurden. Oder weil einem Halter eines gefährlichen Haustiers seine Schlange oder die Vogelspinne entwischt war. Auch Kaimane und Leguane, die geflüchtet sind oder auf der Strasse »entsorgt« wurden, lösten Blaulicht-Einsätze aus. Rund 160 Gift- und Würgeschlangen, Skorpione, Giftechsen und Giftspinnen leben im Münchner Wohnungs-Dschungel. Offiziell. In Wahrheit sind es vermutlich mehr...«

Wer vorsätzlich ein gefährliches Tier einer wild lebenden Art oder ein bösartiges Tier sich frei herumbewegen lässt oder es unterlässt, die notwendigen Vorsichtsmaßnahmen zu treffen, kann mit einer Geldbuße bis DM 2 000,-* bestraft werden. Bei fahrlässigem Handeln bis DM 1 000,-* (§ 17 Gesetz über Ordnungswidrigkeiten).
Der Vollständigkeit halber müssen auch noch die **»besonders geschützten Tiere«** erwähnt werden. Mit dem Bundesnaturschutzgesetz vom 25. März 2002 und der Bundesartenschutzverordnung in der Fassung vom 14. 10. 1999 wurden die meisten Wirbeltiere unter einen besonderen Schutz gestellt. Es ist verboten, diesen wild lebenden Tieren nachzustellen, sie zu fangen oder zu verletzen.

---

* Die Höhe der Geldbuße wurde durch das Gesetz zur Einführung des Euro vom 13. 12. 01 im Verhältnis 1 : 1 auf Euro-Beträge umgestellt.

Tierlärm und der Nachbar

Die Vorschriften zur Tierhaltung gehören dem öffentlichen Recht an. Sie regeln die Fragen, ob mit oder ohne Erlaubnis ein Tier im Haus oder Garten gehalten werden darf. Und wie der Tierhalter sich verhalten muss, damit er bei der Obrigkeit nicht aneckt.
In diesem Zusammenhang ist **§ 117 des Gesetzes über Ordnungswidrigkeiten** vom 24. 5. 1968, in der Fassung vom 24. 8. 2004, sehr wichtig. Er bestimmt, dass ordnungswidrig handelt,

§

»wer ohne berechtigten Anlass oder in einem unzulässigen oder nach den Umständen vermeidbaren Ausmaß Lärm erregt, der geeignet ist, die Allgemeinheit oder die Nachbarschaft erheblich zu belästigen oder die Gesundheit eines anderen zu schädigen.«

Der Lärm muss geeignet sein, die »Nachbarschaft« zu belästigen. Wenn nur ein einziger protestiert, reicht das nicht aus. § 117 war daher schon mehrfach Anstoß für lokale »Bürgerinitiativen«.
Wer gegen § 117 verstößt, kann mit Geldbuße bis zu DM 10 000,-* belegt werden. Diese Bestimmung hat den früheren Straftatbestand des § 360 Nr. 11 Strafgesetzbuch

§

»Wer ungebührlicherweise ruhestörenden Lärm erregt ...«

abgelöst. § 360 StGB ist mit Wirkung vom 1. 1. 1975 außer Kraft getreten.

* Die Höhe der Geldbuße wurde durch das Gesetz zur Einführung des Euro vom 13. 12. 01 im Verhältnis 1 : 1 auf Euro-Beträge umgestellt.

Lärm erregt auch der, der notwendige Maßnahmen unterlässt, z. B. das übermäßige Bellen seines Hundes nicht unterbindet. Er kann sich dafür eine Geldbuße einhandeln.
Es ist Sache der öffentlichen Verwaltung, dafür zu sorgen, dass die öffentlich-rechtlichen Bestimmungen des Lärmschutzes eingehalten werden. Darüber hinaus haben aber auch die Nachbarn die Möglichkeit, sich gemäß § 906 BGB gegen unzumutbaren Tierlärm zu wehren. Die Voraussetzungen dafür können auch dann gegeben sein, wenn die Bestimmungen der Länder nur den Schutz der Nachtruhe regeln. Eine solche Einschränkung ist noch längst kein Freibrief für andauerndes Hundegekläff bei Tageslicht.

Hundegebell

Diese Rechtslage hat das ***Landgericht Würzburg*** im Urteil vom 30. 12. 1965 völlig verkannt (Neue Juristische Wochenschrift 1966, S. 1031). Es hat sich auf den - falschen - Standpunkt gestellt, dass von einem Hundehalter lediglich für bestimmte Stunden und nicht ganz allgemein verlangt werden könne, durch geeignete Maßnahmen dauerhaftes Hundegebell zu verhindern. Inzwischen sind sich Rechtsprechung und Rechtslehre darüber einig, dass das dauerhafte Bellen eines Hundes zu keiner Tag- und Nachtzeit geduldet werden muss. Diese Auffassung ist begründet, denn ein gut gehaltener Hund ist kein Kläffer.
Folgende Entscheidungen beweisen die Kontinuität der Rechtsprechung:

§

»Bellen Hunde, die in einen Zwinger gesperrt sind, häufig laut und anhaltend, so kann der Grundstücksnachbar verlangen, dass diese Geräusche auf ein Mindestmaß zurückgeführt werden.«
(Urteil des *Oberlandesgerichts Hamm* vom 16. 11. 1989, Monatsschrift für Deutsches Recht 1990, S. 142)

§

»Das Halten zweier Schäferhunde zur Nachtzeit außerhalb des Wohnhauses kann in einem allgemeinen Wohngebiet wegen der Störung der Nachtruhe durch das Bellen der Hunde untersagt werden.«
(Beschluss des *Bundesverwaltungsgerichts* vom 20. 12. 1991,
Natur und Recht 1993, S. 158)

»Ein Urteil, durch das dem Beklagten aufgegeben wird, täglich von 12 bis 14 Uhr und von 21 bis 7 Uhr sowie durchgehend an Sonn- und Feiertagen geeignete Maßnahmen gegen störendes Hundegebell zu treffen, ist vollstreckungsfähig.«
(Beschluss des *Oberlandesgerichts München* vom 31. 1. 1990,
Monatsschrift für Deutsches Recht 1990, S. 442)

»Gegen das Gebell eines Airedale Terriers, das vom 8 Meter entfernten Nachbargrundstück mit einem Spitzenpegel von 84 dB(A) zu hören ist, kann der Grundstückseigentümer Abwehransprüche geltend machen.«
(Urteil des *Landgerichts Darmstadt* vom 6. 11. 1992,
Deutsche Wohnungswirtschaft 1993, S. 19)

»Auch ein Wachhund muss so gehalten werden, dass durch sein Bellen die Anwohner nicht mehr als nur geringfügig gestört werden.«
(Beschluss des *Oberlandesgerichts Düsseldorf* vom 6. 6. 1990,
Neue Juristische Wochenschrift 1990, S. 3160)

»Eine Hundehaltung (Dackelzucht) mit mehr als zwei Tieren kann in einem allgemeinen Wohngebiet wegen der damit verbundenen Lärmbelästigungen schon bauordnungsrechtlich unzulässig sein und wenige Meter neben einem ruhigen Wohngrundstück bauaufsichtsbehördlich untersagt werden.«
(Urteil des *Oberverwaltungsgerichts Lüneburg* vom 30. 9. 1992,
Natur und Recht 1993, S. 167)

§

»Es besteht kein Anspruch, dass ein Nachbar zu bestimmten Zeiten jegliches Gebell seines Hundes unterbindet (gegen OLG Hamm).«
(Urteil des *Oberlandesgerichts Düsseldorf* vom 24.11.1993,
Neue Juristische Wochenschrift – Rechtsprechungsreport 1995, S. 542)

Ich denke, diese Zitate reichen aus, um jedem Hundehalter deutlich zu machen, wie er und sein Hund sich aufzuführen haben. Schwieriger wird es bei anderen Tieren, denn wenige lassen sich so gut abrichten wie ein Hund.

Vögel und andere Tiere

So musste sich das ***Oberlandesgericht Hamburg*** im Urteil vom 2.2.1977 mit der Frage befassen, ob im großstädtischen Wohnbereich das Zwitschern und Kreischen von **Vögeln in einer Voliere** durch die Nachbarn zu dulden sei (Monatsschrift für Deutsches Recht 1977, S. 492). Das Oberlandesgericht bejahte den Unterlassungsanspruch.
Viel Verständnis hatte das ***Landgericht Kiel*** (Monatsschrift für Deutsches Recht 1966, S. 412) für vier **Hennen**. Im Urteil vom 14.5.1965 kam es zu dem Schluss, dass auch in Villengegenden vier Hennen vom Nachbarn akzeptiert werden müssen.
Das ***Amtsgericht Bückeburg*** akzeptierte im Juli 1986 eine **Kuh** im etwa 2000 m^2 großen Garten eines Polizeiobermeisters. Begründung: Der Ort habe seinen dörflichen Charakter behalten, die Kuh muhe nicht ständig und der Kuhfladen stinke nur, solange er feucht sei (»Die Zeit« vom 12. Dezember 1986).
Das ***Oberlandesgericht Frankfurt*** musste sich mit den in unseren Breitengraden nicht sehr häufigen Schreien eines **Pfaus** beschäftigen. Das Gericht meinte, dass Pfauenschreie nicht als ortsüblich abgetan werden könnten. Und da der inkriminierte Pfau die Angewohnheit hatte, ab 3.00 Uhr in der Früh stündlich »grell und durchdringend« zu schreien, waren die Geduld des Nachbarn und des Gerichts erschöpft. Mit Beschluss vom 19.5.1987

wurde dem Nachbarn ein Anspruch auf Beseitigung der Störung zuerkannt (Natur und Recht 1989, S. 97).
Das ***Landgericht Itzehoe*** schlug sich im Urteil vom 27. 4. 1995 (Neue Juristische Wochenschrift - Rechtsprechungsreport 1995, S. 979) auf die Seite der **Tauben**züchter:

§

»1. Die Haltung von gut 100 Flugtauben auf dem Nachbargrundstück kann eine ortsübliche Nutzung insbesondere in den Fällen darstellen, in denen eine Vielzahl von Grundstücken im gesamten Gemeindegebiet in ähnlicher Weise genutzt wird (hier: 15 weitere Taubenzüchter).
2. In Anbetracht des aus dem nachbarlichen Gemeinschaftsverhältnis folgenden Gebots zur Rücksichtnahme erreicht eine Haltung von gut 100 Tauben regelmäßig die zahlenmäßige Obergrenze dessen, was der Nachbar in einer mehr ländlichen Umgebung an Beeinträchtigung seines eigenen Grundstück hinnehmen muss.«

Hähne krähen

Die Gockel »Fredi«, »Blasi« und »Ramses« haben nicht nur ihre Nachbarn geärgert. Sie haben auch Rechtsgeschichte gemacht. Dabei waren es ganz ordinäre Hähne, wie es sie zuhauf gibt. Von ihren Besitzern allerdings sehr geliebt. Ihr Fehler war nur, dass sie nicht auf dem Lande, sondern im städtischen Wohnbereich krähten. Die einzigen, die sich über das Gockelkrähen freuen, sind deren Besitzer. Und natürlich die Hennen. In einem der zahlreichen Prozesse hat ein Sachverständiger ausgesagt, dass für einen strammen Gockel das Krähen Teil seines Sexuallebens sei. Wenn er daran gehindert werde, würde er impotent. Kein Wunder, dass sich die Besitzer eines Hühnervolkes mit aller Kraft für das ungehinderte Krähen einsetzen. Die angegangenen Gerichte schalteten Sachverständige ein, die nach Presseberichten für etwa 3.000,- € Lärmgutachten einholten. Von den Sachverständigen wissen wir jetzt, dass es für einen echten Gockel vielfältige Möglichkeiten des Ausdrucks gibt. Der Fachmann unterscheidet zwischen Angstschrei und Einschlaflaut, zwischen Warnlauten wegen eines Angriffs aus der Luft und den Werbungsrufen beim Balzen um die Henne.

Den betroffenen Nachbarn sind diese feinen Unterschiede meist unbekannt und auch ziemlich gleichgültig. Sie wollen keinen Gockel, der Lärm macht, gleichgültig, ob aus Angst oder aus Lust. Die Gerichte haben in solchen Fällen durchaus Verständnis für die gestörten Nachbarn und verordnen für die Nachtzeit das Einsperren der mitteilungsbedürftigen Gockel in schallgeschützten Käfigen. Was natürlich nicht in allen Fällen die Nachbarn vom Prozessieren abhält. Die zivilrechtlichen Nachbarrechtsstreitigkeiten leiten häufig über in strafrechtliche Beleidigungsprozesse.

Manche Großstädte sind dazu übergegangen, in ihren Tierhaltungsverordnungen zu bestimmen, unter welchen Auflagen Hähne gehalten werden dürfen. Diese Grundsätze gelten aber nicht im ländlichen Bereich. Hier muss auf die Ortsüblichkeit der Hühnerhaltung Rücksicht genommen werden.

Das ***Landgericht Kleve*** stellte dazu im Urteil vom 17. 1. 1989 (Deutsche Wohnungswirtschaft 1989, S. 362) folgenden Leitsatz auf:

§

»Gegen schon ab 3.00 Uhr auftretendes Hähnekrähen ist ein Abwehranspruch dann nicht möglich, wenn das betroffene Grundstück in ländlicher Umgebung mit vorwiegender Agrarstruktur liegt und trotz vorhandener Bebauung auch mit Ein- und Zweifamilienhäusern immer noch dörflichen Charakter aufweist.«

Die Passauer Neue Presse berichtet am 3. 1. 2001:

»Münchner zieht gegen Hennen vor Gericht und unterliegt.«

Der ungewollte Weckruf am frühen Morgen wird einem Münchner auch weiterhin in den Ohren hallen. Der völlig entnervte Mann ist gegen einen Hahn und 20 Hennen in der Nachbarschaft vor Gericht gezogen und hat verloren. Nach seinem Umzug an den Stadtrand klagte er gegen den

Betreiber einer Hühnerhaltung auf Entfernung des Hahnes, da er sich durch das Krähen in seiner Morgenruhe gestört fühlte. Das Amtsgericht München befand aber im Urteil vom 2. 1. 2001, dass jede Hühnerhaltung selbstverständlich der Haltung eines Hahnes bedürfe. (AZ: 271 C 23419/2000)
Dem Kläger sei die Hühnerhaltung auf dem Nachbargrundstück vor Unterzeichnung seines Mietvertrages bekannt gewesen. Deshalb habe er nicht im Nachhinein die Beseitigung des ihn störenden Hahnes verlangen können, zumal die Stadt München die Hühnerhaltung genehmigt hatte.
Das Oberverwaltungsgericht Münster setzte aber den Hähnen enge Grenzen: In reinen Wohngebieten müssten sich die Hühner mit einem Hahn begnügen (Urteil vom 25. 1. 02, AZ: 10 E 434/01).

Überfall von Früchten

Unter der bedrohlich klingenden Formulierung »Überfall« behandelt § 911 BGB einen alltäglichen Vorgang. Unser Baum trägt Früchte und steht so nah an der Grenze, dass ein Teil der Früchte auf Nachbars Grundstück fallen kann. Die Regelung nach § 911 BGB ist eindeutig: Der Nachbar darf die Früchte aufklauben und behalten:

§

§ 911
Überfall
Früchte, die von einem Baume oder einem Strauche auf ein Nachbargrundstück hinüberfallen, gelten als Früchte dieses Grundstücks. Diese Vorschrift findet keine Anwendung, wenn das Nachbargrundstück dem öffentlichen Gebrauche dient.

Der Nachbar darf aber nicht nachhelfen und die Früchte herunterschütteln. Wenn er das dennoch tut, muss er die Früchte wieder herausrücken.
Solange die Früchte fest am Baum hängen, gehören sie dem Eigentümer oder Nutzungsberechtigten des Baumes. Gleichgültig, ob sie im eigenen oder im fremden Luftraum hängen. Infolgedessen darf der Eigentümer des Baumes die über fremdem Grund hängenden Früchte auch selbst abernten. Nur darf er dazu nicht ohne Genehmigung das Grundstück des Nachbarn betreten. Findige Menschen haben für diesen Fall an langen Stöcken befestigte Geräte gebastelt (so genannte Obstpflücker).
Sind die Früchte nicht in den Privatgarten des Nachbarn gefallen sondern auf ein dem öffentlichen Gebrauch gewidmetes Grundstück, also z. B. auf die Straße, dann bleiben sie im Eigentum dessen, dem der Baum gehört bzw. dem die Nutzung zusteht. In diesem Fall tut der Eigentümer gut dar-

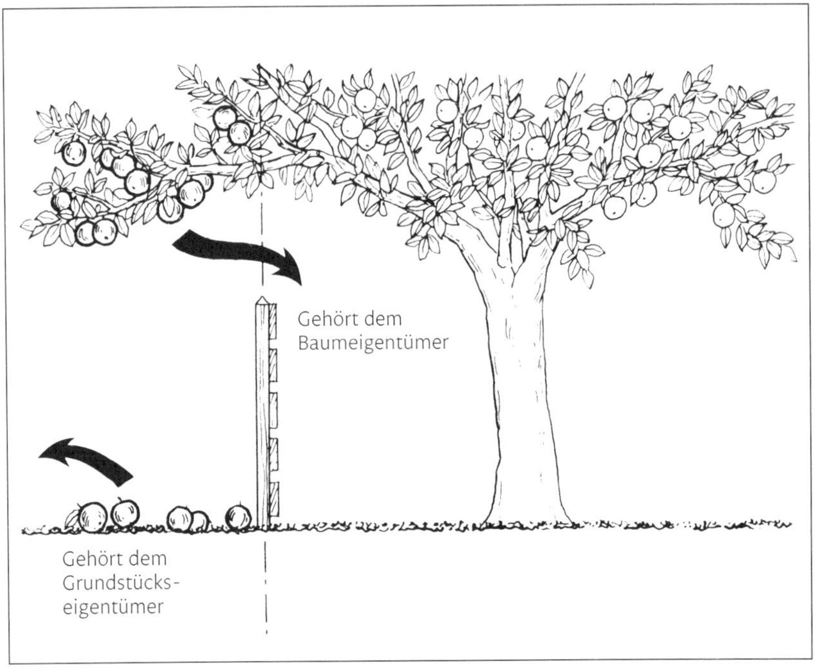

an, sein Obst bald von der Straße zu holen. Sonst wird angenommen, er habe auf sein Eigentum verzichtet und das Obst sei herrenlos.
Wenn die Früchte auf Nachbars Grundstück gefallen sind, muss man sie auch dem Nachbarn gönnen. Holt man sich ohne Zustimmung des Nachbarn »seine« Äpfel wieder, wird man zum Dieb. Wem das nicht passt, muss die Äste seines Baumes rechtzeitig so stutzen, dass es zu keinem »Überfall« kommt. Und wer in Zeiten übervoller Teller keinen Wert auf Nachbars Fallobst legt, muss die Möglichkeit nutzen, die ihm § 910 BGB bietet: Abschneiden der herüberragenden Äste oder Klage auf Beseitigung. Unter Umständen auch Klage auf Säuberung des Grundstücks oder auf Erstattung der aufgewandten Kosten.
Denn **zu viel Fallobst** macht wenig Freude. Auf diesen Standpunkt stellte sich das ***Amtsgericht Backnang*** im Urteil vom 31. 3. 1989 (Neue Juristische Wochenschrift - Rechtsprechungsreport 1989, Heft 13, S. 785). Das Grundstück des Klägers war während der Tragezeit des benachbarten Birn-

baumes mit Mostbirnen geradezu übersät. Man konnte praktisch keinen Schritt tun, ohne auf Früchte zu treten. Der Kläger hatte den Nachbarn mehrfach erfolglos zum Zurückschneiden der Äste und zum Einsammeln der Früchte aufgefordert. Die heruntergefallenen Früchte wurden also nicht als Geschenk, sondern als erhebliche Belästigung empfunden. Das Amtsgericht kam zu dem Ergebnis, dass dieser unerbetene Früchtesegen eine Beeinträchtigung darstelle, die nicht mehr hinzunehmen sei. Es gab der Klage auf Erstattung der Kosten für die Beseitigung der vielen Birnen statt.

Überhang von Zweigen

Überhängende Zweige können sehr stören. Für diesen Fall gilt § 910 BGB.

§

§ 910
Überhang

(1) Der Eigentümer eines Grundstücks kann Wurzeln eines Baumes oder eines Strauches, die von einem Nachbargrundstück eingedrungen sind, abschneiden und behalten. Das Gleiche gilt von herüberragenden Zweigen, wenn der Eigentümer dem Besitzer des Nachbargrundstücks eine angemessene Frist zur Beseitigung bestimmt hat und die Beseitigung nicht innerhalb der Frist erfolgt.
(2) Dem Eigentümer steht dieses Recht nicht zu, wenn die Wurzeln oder die Zweige die Benutzung des Grundstücks nicht beeinträchtigen.

Der Eigentümer des Nachbargrundstücks darf also die herüberhängenden Zweige abschneiden und behalten. Hier wird deutlich, dass das Eigentum an einem Grundstück sich auch auf den darüber befindlichen Luftraum erstreckt (siehe § 905 BGB und dazu das Kapitel »Umfang des Grundstücks«, Seite 105 ff.). Das Gesetz sagt nicht, wie weit die Zweige über die Grundstücksgrenze ragen müssen oder dürfen. Oder in welcher Höhe sie sich befinden. Es kommt auch nicht darauf an, inwieweit sich der Nachbar durch die in seinen Luftraum ragenden Zweige **gestört fühlt**. Das Gesetz verlangt vielmehr, dass die Zweige **objektiv die Benutzung** des Nachbargrundstücks **beeinträchtigen.** So auch das *Landgericht Hannover* im Urteil vom 25. 3. 1988 (Natur und Recht 1990, S. 45):

§

»Ein Anspruch auf Beseitigung eingedrungener Wurzeln und herüberragender Zweige besteht nur dann, wenn das betroffene Grundstück in irgendeiner Weise tatsächlich und konkret beeinträchtigt wird. Eine abstrakte Gefährdung reicht zur Begründung des Beseitigungsanspruchs nicht aus.«

Siehe dazu auch das Kapitel »Eindringen von Wurzeln«, Seite 30 ff.
Eine solche konkrete Beeinträchtigung wird meist nicht vorliegen. So hat das ***Amtsgericht Frankfurt*** 1989 festgestellt, dass der Anspruch auf die Entfernung von zwei Ästen eines 100-jährigen Ginkgo-Baumes unbegründet sei, weil das Grundstück des Nachbarn nicht beeinträchtigt werde (Urteil vom 28. 7. 1989, Neue Juristische Wochenschrift - Rechtsprechungsreport 1990, S. 146).
Das ***Oberlandesgericht Oldenburg*** hat einen Anspruch aus § 910 BGB verneint, obwohl der Kläger behauptete, dass durch die überhängenden Zweige der Licht- und Sonneneinfall auf seinem Grundstück stark behindert und das Pflanzenwachstum gestört werde. Das Gericht vertrat die Ansicht, dass die behaupteten Beeinträchtigungen im Wesentlichen auf den Baumbewuchs, aber nicht konkret auf die umstrittenen Zweige zurückzuführen sei (Urteil vom 25. 7. 1990, Versicherungsrecht 1991, S. 556).
Wenn aber die überhängenden Zweige z. B. dem Gemüsegarten des Nachbarn das Sonnenlicht entziehen, dann wird er zur Selbsthilfe schreiten dürfen. Auch dann, wenn die Zweige von Nachbars Baum in die Dachrinne des eigenen Hauses ragen, kann man von einer »Beeinträchtigung des Grundstücks« sprechen. Das Gesetz macht bei den Zweigen das Recht auf Selbsthilfe ausdrücklich von erfolgloser **Fristsetzung** abhängig. Der beeinträchtigte Grundstückseigentümer muss seinem Nachbarn zunächst eine angemessene Frist zur Beseitigung gesetzt haben. Erst wenn diese Frist erfolglos abgelaufen ist, darf er zur Selbsthilfe greifen. Kennt er das Gesetz nicht oder kann er es nicht erwarten und schneidet ohne Fristsetzung die Äste ab, handelt er widerrechtlich. Er darf die abgeschnittenen Zweige dann nicht behalten und macht sich unter Umständen darüber hinaus

schadenersatzpflichtig. Aber Vorsicht: Die Gericht haben im sog. »rechtmäßigen Alternativverhalten« ein Schlupfloch geschaffen. Davon wird dann gesprochen, wenn vor der Beseitigung der Zweige zwar keine Frist gesetzt worden ist, der Schaden aber auch dann entstanden wäre, wenn sich der Nachbar rechtmäßig verhalten hätte. Wenn also der Zweig auch bei ordnungsgemäßer Fristsetzung zu entfernen gewesen wäre, ergibt sich keine Schadensersatzpflicht. So das ***Landgericht Gießen*** im Urteil vom 2. 10. 1996 (Neue Juristische Wochenschrift - Rechtsprechungsreport 1997, S. 655). Und dass die Frist nicht mitten in die Vegetationszeit gelegt werden darf, sollte selbstverständlich sein. Insbesondere kann niemand verlangen, dass die Zweige eines Obstbaumes abgeschnitten werden, während dieser voller Früchte hängt. Wenn eine **Baumschutzverordnung** (= Baumschutzsatzung) besteht, gelten andere Regeln. Das ***Oberlandesgericht Düsseldorf*** hat im Urteil vom 18. 10. 1991 (Natur und Recht 1993, S. 193) entschieden:

§

»Das Selbsthilferecht aus § 910 BGB, störenden Überhang abzuschneiden, wird durch eine Baumschutzsatzung eingeschränkt, die eine wesentliche Veränderung des Baumes in seinem Aufbau verbietet.
Die Beschränkungen durch die Baumschutzsatzung gelten auch dann, wenn der Baumeigentümer in einem Rechtsstreit mit dem Nachbarn zum Rückschnitt der Äste verurteilt worden ist. Die Baumschutzsatzung stellt ein die Eigentümerstellung nach § 903 BGB einschränkendes Gesetz dar. Schneidet der Nachbar den Überhang entgegen dem Verbot der Baumschutzsatzung zurück, so ist er dem Baumeigentümer zum Ersatz des dabei entstandenen Schadens verpflichtet.«

Gefährlich wird es, wenn Wut das Hirn trübt. Das kann Tote und Verletzte zur Folge haben. So geschehen 2003 in Berlin. Dabei ging es eigentlich nur um einen Ast. Die Süddeutsche Zeitung berichtet darüber am 15. 9. 2003:

Fatales Ende eines Nachbarschaftsstreits
Berlin (dpa) – Bei einem Nachbarschaftsstreit in Berlin-Reinickendorf ist am Wochenende ein 44-Jähriger durch Schüsse verletzt worden. Der 65-jährige Täter, der zwei Mal geschossen hatte, nahm sich anschließend das Leben, teilte die Polizei mit. Der Nachbar konnte noch selbst die Polizei alarmieren und wurde im Krankenhaus operiert. Nach Informationen der *B.Z.* entzündete sich der Streit an einem Obstbaum auf dem Grundstück des 44-Jährigen. **Ein Ast des Baumes habe auf das Grundstück des 65-Jährigen herübergeragt. Um zu verhindern, dass der Nachbar das Obst** von diesem Ast pflücken kann, sei der 44-Jährige auf das Grundstück des Täters gekommen und wollte den Ast absägen. Daraufhin habe der 65-Jährige geschossen. Als die Polizei anrückte, verschanzte sich der Schütze in seinem Haus und kippte dort Benzin aus. Als ein Spezialeinsatzkommando der Polizei das Haus stürmte, fanden die Beamten die Leiche des 65-Jährigen.

Das Land **Baden-Württemberg** hat als einziges Bundesland die Möglichkeit genutzt, sowohl für überhängende Zweige wie für eingedrungene Wurzeln eine von § 910 BGB abweichende Regelung zu treffen. Sie gilt aber nur für **Obstbäume** (siehe Seite 107 ff.).

Umfang des Grundstücks

Streitigkeiten über den Grenzverlauf gibt es unter Landwirten immer noch zuhauf, zumal nicht alle landwirtschaftlich genutzten Grundstücke vermessen und abgemarkt sind. Häufig werden allerdings unter Landwirten die tatsächlichen oder angeblichen Zweifel über den Grenzverlauf kultiviert. Aus abgrundtiefer Feindschaft zum Nachbarn.

Unter Gartenbesitzern ist dies selten ein Anlass zum Streit. Bei ernsthaften Konflikten schafft das Vermessungsamt bald Klarheit. Ebenfalls ohne große praktische Bedeutung ist für Gartenbesitzer die gesetzliche Bestimmung, dass sich das Recht des Eigentümers eines Grundstücks »auf den Raum über der Oberfläche und auf den Erdkörper unter der Oberfläche« erstreckt (§ 905 BGB). In aller Regel hat der Eigentümer eines Gartens kein rechtliches Interesse an dem Luftraum über seiner Liegewiese und sucht in unseren Breitengraden auch selten nach Öl unter seinem Rasen. Aber bei der Befugnis, überhängende Zweige zu beseitigen, spielt die »Lufthoheit« eine Rolle (siehe Kapitel »Überhang von Zweigen«, Seite 102 ff.). Außerdem gibt es durch das öffentliche Recht Beschränkungen des Eigentumsrechts. So z. B. durch die Verpflichtung, Telegraphen- und Telefonleitungen im Luftraum zu dulden.

Zierteiche

Zierteiche im Garten stellen eine nicht unerhebliche **Gefahr für Kleinkinder** dar. Vor allem dann, wenn die Teiche zu tief und die Ränder zu steil angelegt werden. Schilder »Vorsicht« oder »Betreten verboten« verhindern keine Unfälle und befreien auch nicht von der Haftung.
Natürlich ist es von Bedeutung, ob der Gartenbesitzer selbst kleine Kinder hat oder damit rechnen muss, dass Kinder sich unbemerkt seinem Teich nähern können. Das ***Oberlandesgericht Oldenburg*** meinte dazu im Urteil vom 5. 10. 93 (Zeitschrift für das gesamte Familienrecht 1994, Heft 13):

§

»Solange der Besitzer eines Grundstücks mit Gartenteich nicht damit rechnen muss, dass Kinder in einem Alter, für welche ein Gartenteich eine Gefahr darstellen, auf sein Grundstück gelangen, besteht für ihn keine **Verkehrssicherungspflicht,** das Grundstück gegen das Betreten durch kleine Kinder zu sichern.«

Das gleiche Gericht kam aber in einem anderen Fall etwa einen Monat später zur Bejahung des Haftpflichtanspruchs. Dem Gartenbesitzer war bekannt, dass mehrere Kinder hinter dem Wohnhaus spielten und ungehindert auf das Gartengrundstück mit der Teichanlage gelangen konnten. Das Unterlassen der erforderlichen Sicherheitsmaßnahmen stelle eine schuldhafte Verletzung der allgemeinen Verkehrssicherungspflicht dar. Der Mutter des Kindes wurde wegen Verletzung der Aufsichtspflicht zwar ein Mitverschulden angelastet, die Haftung des Teichbesitzers führte aber zu dessen wirtschaftlichen Ruin (Urteil des ***Oberlandesgerichts Oldenburg*** vom 19. 11. 93, FamRZ 1994, Heft 22).
Um die Gefahren zu mindern, empfehlen Landschaftsgärtner daher nur sehr flache Gartenteiche anzulegen und steile Ufer zu vermeiden.

Nachbarrechtsgesetze der Länder

Baden-Württemberg

Gesetz über das Nachbarrecht

vom 14. Dezember 1959
in der Fassung von 8. 1. 1996
(GBl. S. 54)
geändert durch Art. 63 des Gesetzes
vom 1. Juli 2004 (GBe. S. 469)

§ 12 Hecken

(1) Mit Hecken bis 1,80 m Höhe ist ein Abstand von 0,50 m, mit höheren Hecken ein entsprechend der Mehrhöhe größerer Abstand einzuhalten.
(2) Die Hecke ist bis zur Hälfte des nach Abs. 1 vorgeschriebenen Abstands zurückzuschneiden. Das gilt nicht für Hecken bis zu 1,80 m Höhe, wenn das Nachbargrundstück innerhalb der im Zusammenhang bebauten Ortsteile oder im Geltungsbereich eines Bebauungsplans liegt und nicht landwirtschaftlich genutzt wird (Innerortslage).
(3) Der Besitzer der Hecke ist zu ihrer Verkürzung und zum Zurückschneiden der Zweige verpflichtet, jedoch nicht in der Zeit vom 1. März bis 30. September.

§ 13 Spaliervorrichtungen

Für Spaliervorrichtungen, die eine flächenartige Ausdehnung des Wachstums der Pflanzen bezwecken, gilt § 12 mit der Maßgabe, dass gegenüber Grundstücken in Innerortslage mit Spalieren bis zu 1,80 m Höhe kein Abstand und mit höheren Spalieren ein Abstand entsprechend der Mehrhöhe einzuhalten ist.

§ 14 Rebstöcke in Weinbergen

Mit Rebstöcken in Weinbergen ist ein Grenzabstand einzuhalten, der der Hälfte des Reihenabstandes entspricht, mindestens jedoch 0,75 m.

§ 15 Waldungen

(1) Mit Waldungen ist ein Abstand von 8 m von der Grenze einzuhalten.
Bei Verjüngung von Waldungen, die bei In-Kraft-Treten dieses Gesetzes bereits bestehen, sowie in erklärten Waldlagen (§ 28 Abs. 1) ermäßigt sich der Abstand nach Satz 1 auf die Hälfte.
(2) Der vom Baumwuchs freizuhaltende

Streifen kann bis auf 2 m Abstand von der Grenze mit Gehölzen bis zu 4 m Höhe und bis auf 1 m Abstand von der Grenze mit Gehölzen bis zu 2 m Höhe bepflanzt werden.

§ 16 Sonstige Gehölze

(1) Bei der Anpflanzung von Bäumen, Sträuchern und anderen Gehölzen sind unbeschadet der §§ 12 bis 15 folgende Grenzabstände einzuhalten:

1. a) mit Beerenobststräuchern und -stämmen, Rosen, Ziersträuchern und sonstigen artgemäß kleinen Gehölzen sowie mit Rebstöcken außerhalb eines Weinberges .... 0,50 m,
   b) mit Baumschul- und Weihnachtsbaumkulturen sowie mit Weidenpflanzungen, die jährlich genutzt werden, ... 1 m;
   die Gehölze dürfen die Höhe von 1,80 m nicht überschreiten, es sei denn, dass der Abstand nach Nummer 2 eingehalten wird.
2. mit Kernobst- und Steinobstbäumen auf schwach- und mittelstark wachsenden Unterlagen und anderen Gehölzen artgemäß ähnlicher Ausdehnung, mit Baumschul- und Weihnachtsbaumkulturen, soweit nicht in Nummer 1 aufgeführt, mit Forstsamenplantagen sowie mit Weidenpflanzungen, die nicht jährlich genutzt werden, ... 2 m; die Gehölze dürfen die Höhe von 4 m nicht überschreiten, es sei denn, dass der Abstand nach Nummer 3 eingehalten wird;
3. mit Obstbäumen, soweit sie nicht in Nummer 2 oder 4 genannt sind, 3 m;
4. a) mit artgemäß mittelgroßen oder schmalen Bäumen, wie Birken, Blaufichten, Ebereschen, Erlen, Robinien (»Akazien«), Salweiden, Serbischen Fichten, Thujen, Weißbuchen, Weißdornen und deren Veredelungen, Zieräpfeln, Zierkirschen, Zierpflaumen und mit anderen Gehölzen artgemäß ähnlicher Ausdehnung sowie
   b) mit Obstbäumen auf stark wachsenden Unterlagen und veredelten Walnussbäumen .... 4 m;
5. mit großwüchsigen Arten von Ahornen, Buchen, Eichen, Eschen, Kastanien, Linden, Nadelbäumen, Pappeln, Platanen, unveredelten Walnusssämlingsbäumen sowie mit anderen Bäumen artgemäß ähnlicher Ausdehnung .... 8 m.

(2) Die Abstände nach Absatz 1 Nr. 2 bis 4 Buchstabe a ermäßigen sich gegenüber Grundstücken in Innerortslage auf die Hälfte. Dies gilt nicht für Baumschul- und Weihnachtsbaumkulturen, Forstsamenplantagen sowie für geschlossene Bestände mit mehr als drei der in Absatz 1 Nummer 2 bis 4 Buchstabe a angeführten Gehölze. Einzeln stehende großwüchsige Bäume, ausgenommen Nadelbäume, dürfen gegenüber Grundstücken in Innerortslage mit einem Abstand von 6 m gepflanzt werden.

(3) Der Besitzer eines Gehölzes, das die nach Absatz 1 Nr. 1 und 2 zulässige Höhe überschritten hat, ist zur Verkürzung verpflichtet, jedoch nicht in der Zeit vom 1. März bis 30. September.

§ 17 Hopfenpflanzungen

Mit Hopfenpflanzungen ist ein Abstand von 1,50 m von der Grenze einzuhalten. Ist das Nachbargrundstück gleichfalls mit Hopfen bepflanzt, so ermäßigt sich der Abstand auf die Hälfte.

§ 18 Begünstigungen von Weinbergen und Erwerbsgartenbaugrundstücken

Gegenüber Weinbergen in erklärter Reblage (§ 28 Abs. 2) sowie gegenüber erwerbsgartenbaulich genutzten Grundstücken in erklärter Gartenbaulage (§ 28 Abs. 3) sind die Abstände nach § 11 Abs. 1, § 12 Abs. 1, §§ 13, 15, § 16 Abs. 1 Nr. 2 bis 5 und Abs. 2 sowie § 17 Satz 1 zu verdoppeln, soweit sich die Einfriedigung, Spaliervorrichtung oder Pflanzung an deren südlicher, östlicher oder westlicher Seite befindet. Das gilt nicht für Obstgehölze und Baumschulbestände innerhalb des geschlossenen Wohnbezirks.

§ 19 Verhältnis zu landwirtschaftlich nicht genutzten Grundstücken

(1) Die Vorschriften der §§ 11 bis 17 gelten nicht gegenüber Grundstücken im Außenbereich (§ 19 Abs. 1 Nr. 3 des Baugesetzbuchs), die Wald, Hutung, Heide oder Ödung sind oder die landwirtschaftlich oder gartenbaulich sonst nicht genutzt werden und nicht bebaut sind und auch nicht als Hofraum dienen. Mit Wald gegenüber Wald ist aber ein Abstand von 1 m einzuhalten.

(2) Die in den §§ 11 bis 18 vorgeschriebenen Abstände vermindern sich gegenüber Grundstücken im Außenbereich (§ 19 Abs. 1 Nr. 3 des Baugesetzbuchs) um diejenige Entfernung, auf die diese Grundstücke von der Grenze an gerechnet landwirtschaftlich oder gartenbaulich nicht genutzt, nicht bebaut sind und auch nicht als Hofraum dienen.

§ 20 Pflanzungen hinter geschlossenen Einfriedigungen

Die §§ 12 bis 18 gelten nicht, wenn sich die Spaliervorrichtung oder die Pflanzung hinter einer geschlossenen Einfriedigung befindet, ohne diese zu überragen. Als geschlossen gelten auch Einfriedigungen, bei denen die Zaunteile breiter sind als die Zwischenräume.

§ 21 Verhältnis zu Wegen, Gewässern und Eisenbahnen; Ufer- und Böschungsschutz

(1) Die §§ 11 bis 18 gelten nicht für
1. das nachbarliche Verhältnis zwischen öffentlichen Straßen und Gewässern und den an sie grenzenden Grundstücken,
2. die auf Grund eines Flurbereinigungs- oder Zusammenlegungsplanes erfolgten Anpflanzungen, soweit sie sich im Flurbereinigungs- oder Zusammenlegungsgebiet auswirken.

Bestehende Ausgleichs- oder Schadensersatzansprüche bleiben unberührt.

(2) Die Bestimmungen der §§ 11, 12 und 18 über tote Einfriedigungen und Hecken gelten nicht für das nachbarliche Verhältnis zwischen Grundstücken,

die unmittelbar an den Schienenweg einer Eisenbahn grenzen einerseits und dem Schienenweg andererseits.
(3) Auf Einfriedigungen und Pflanzungen, die zum Uferschutz dienen oder die zum Schutze von Böschungen oder steilen Abhängen erforderlich sind, sind die §§ 11, 12, 16 und 18 nicht anzuwenden.

§ 22 Feststellung der Abstände

(1) Die Grenzabstände werden von der Mittelachse der der Grenze nächsten Stämme, Triebe oder Hopfenstangen bei deren Austritt aus dem Boden, bei Drahtanlagen von Hopfenpflanzungen aber von dem der Grenze nächsten oberen Ende der Steigdrähte ab waagrecht gemessen.
(2) Im Verhältnis der durch öffentliche Wege oder durch Gewässer getrennten Grundstücke werden die Abstände von der Mitte des Weges oder Gewässers an gemessen. Dies gilt nicht gegenüber Grundstücken in Innerortslage.
(3) Ist die Einhaltung eines bestimmten Abstands von der Lage oder der Kulturart des Grundstücks oder des Nachbargrundstücks abhängig, so sind bei der Erneuerung einer Einfriedigung, Spaliervorrichtung oder Pflanzung für die Bemessung des Abstands die dann bestehenden Verhältnisse dieses Grundstücks maßgebend. Dasselbe gilt, wenn in einer der Erneuerung gleichkommenden Weise die Einfriedigung oder Spaliervorrichtung ausgebessert oder die Pflanzung ergänzt wird.

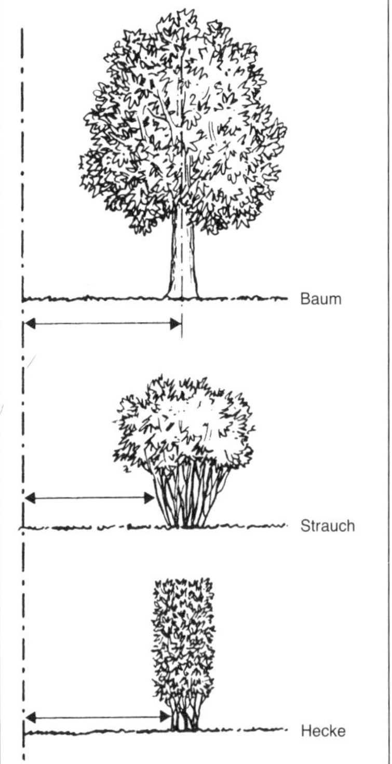

Grenzabstände von Bäumen und Sträuchern

§ 23 Überragende Zweige

(1) Abweichend von § 910 Abs. 1 BGB kann der Besitzer eines Grundstücks die Beseitigung von herüberragenden Zweigen eines auf dem Nachbargrundstück stehenden Obstbaums nur bis zur Höhe von 3 m verlangen. Die Höhe wird vom Boden bis zu den unteren Zweigspitzen in unbelaubtem Zustand gemessen.
(2) Die Beseitigung der Zweige kann auf die volle Höhe des Baumes verlangt werden, wenn das benachbarte Grundstück erwerbsgartenbaulich genutzt wird oder ein Hofraum ist oder die Zweige auf ein auf dem benachbarten

Grundstück stehendes Gebäudes hereinragen oder den Bestand oder die Benutzung eines Gebäudes beeinträchtigen oder die Errichtung eines Gebäudes unmöglich machen oder erschweren.
(3) Der Besitzer des Baumes ist zur Beseitigung der Zweige in der Zeit vom 1. März bis 30. September nicht verpflichtet. Er hat die Beseitigung innerhalb einer dem Umfang der Arbeit entsprechenden Frist, jedenfalls aber innerhalb Jahresfrist vorzunehmen. Die sofortige Beseitigung kann verlangt werden, wenn ein dringendes Bedürfnis vorliegt. Wird die Beseitigung nicht innerhalb der in Satz 2 bestimmten Frist oder im Falle des Satzes 3 sofort bewirkt, so ist der Nachbar berechtigt, sie nach § 910 Abs. 1 Satz 2 BGB oder auf Kosten des Besitzers durchzuführen. Im letzteren Fall gehören die abgeschnittenen Zweige dem Besitzer des Hauses.

§ 24 Eingedrungene Wurzeln

(1) Abweichend von § 910 Abs. 1 BGB ist der Besitzer eines Obstbaumguts oder eines Grundstücks der in § 19 Abs. 1 Satz 1 genannten Art, in das aus einem angrenzenden Obstbaumgut Wurzeln eines Obstbaums eingedrungen sind, zu deren Beseitigung nur insoweit befugt, als dies zur Herstellung und Unterhaltung eines Weges, eines Grabens, einer baulichen Anlage, eines Dräns oder einer sonstigen Leitung erforderlich ist.
(2) Die Beseitigung von sonstigen eingedrungenen Baumwurzeln ist bei einem Grundstück in Innerortslage nur dann zulässig, wenn durch die Wurzeln die Nutzung des Grundstücks wesentlich beeinträchtigt wird, insbesondere Arbeiten der in Abs. 1 genannten Art die Beseitigung erfordern.

§ 25 Bäume an öffentlichen Wegen

(1) Abweichend von § 910 Abs. 1 BGB kann der Besitzer eines Grundstücks die Beseitigung herüberragender Zweige von Bäumen, die auf öffentlichen Wegen oder deren Zubehörden (Nebenwegen, Dämmen, Böschungen) oder nach polizeilicher Vorschrift in regelmäßiger Anordnung längs der Straße auf den angrenzenden Grundstücken gepflanzt sind, nur bis zur Höhe von 3 m verlangen. Die Bestimmungen des § 23 Abs. 1 Satz 2, Abs. 2 und 3 gelten auch hier.
(2) Zur Beseitigung der in sein Grundstück eingedrungenen Wurzeln dieser Bäume ist der Besitzer des Grundstücks nur entsprechend § 24 Abs. 2 und nur dann befugt, wenn er dem Eigentümer des Baumes eine angemessene Frist zur Beseitigung der Wurzeln gesetzt hat und die Beseitigung nicht innerhalb der Frist erfolgte.

Fünfter Abschnitt
Allgemeine Bestimmungen

§ 26 Verjährung

(1) Beseitigungsansprüche nach diesem Gesetz verjähren in fünf Jahren. Bei Pflanzungen beginnt der Lauf der Verjährungsfrist mit dem 1. Juli nach der Pflanzung. Bei an Ort und Stelle gezogenen Gehölzen beginnt sie am 1. Juli des zweiten Entwicklungsjahres. Bei späterer Veränderung der artgemäßen

Ausdehnung des Gehölzes beginnt die Verjährung von neuem.
(2) Die Berufung auf Verjährung ist ausgeschlossen, wenn die Anlage erneuert oder in einer der Erneuerung gleichkommenden Weise ausgebessert wird. Dasselbe gilt, wenn eine Pflanzung erneuert oder ergänzt wird.
(3) Der Anspruch auf das Zurückschneiden der Hecken, auf Beseitigung herüberragender Zweige und eingedrungener Wurzeln sowie auf Verkürzung zu hoch gewachsener Gehölze ist der Verjährung nicht unterworfen.

§ 27 Vorrang von Festsetzungen im Bebauungsplan

Enthält ein Bebauungsplan oder eine sonstige Satzung nach dem Baugesetzbuch Festsetzungen über Böschungen, Aufschüttungen, Einfriedigungen, Hecken oder Anpflanzungen, so müssen hierfür die nach diesem Gesetz vorgeschriebenen Abstände insoweit nicht eingehalten werden, als es die Verwirklichung der planerischen Festsetzungen erfordert. Dies gilt nicht gegenüber landwirtschaftlich genutzten Grundstücken.

§ 28 Erklärte Waldlage, erklärte Reblage und erklärte Gartenbaulage

(1) Teile des Gemeindegebiets außerhalb des geschlossenen Wohnbezirks und des Bereichs des Bebauungsplans können durch Gemeindesatzung zur Waldlage erklärt werden (erklärte Waldlage), wenn ihre Aufforstung mit Rücksicht auf die Standortverhältnisse oder aus Gründen der Landeskultur zweckmäßig ist.
(2) Teile des Gemeindegebiets können durch Gemeindesatzung zur Reblage erklärt werden (erklärte Reblage), wenn sie für den Weinbau besonders geeignet sind.
(3) Teile des Gemeindegebiets können durch Gemeindesatzung zur Gartenbaulage erklärt werden (erklärte Gartenbaulage), wenn sie für den unter Verwendung ortsfester Kulturvorrichtungen betriebenen Erwerbsgartenbau besonders geeignet sind.
(4) Die Gemeinde hat vor der Erklärung nach Abs. 1 das Amt für Landwirtschaft, Landschafts- und Bodenkultur und das Forstamt und vor der Erklärung nach Abs. 2 oder 3 das Amt für Landwirtschaft, Landschafts- und Bodenkultur zu hören.

§ 29 Erlass von Gemeindesatzungen

(1) Die Gemeinde hat den Entwurf einer Satzung nach § 28 öffentlich bekanntzumachen. Die Betroffenen können innerhalb eines Monats nach der Bekanntmachung Einwendungen erheben. Hierauf ist in der öffentlichen Bekanntmachung hinzuweisen.
(2) Über die Einwendungen ist gleichzeitig mit dem endgültigen Beschluss über die Satzung zu entscheiden.

Bayern

Gesetz zur Ausführung des Bürgerlichen Gesetzbuchs und anderer Gesetze (AGBGB)

vom 9. Juni 1899, in der Fassung vom 20. September 1982, in der Fassung des Gesetzes vom 7. 8. 2003 (GVBe. S. 497)

Art. 47 Grenzabstand von Pflanzen

(1) Der Eigentümer eines Grundstücks kann verlangen, dass auf einem Nachbargrundstück nicht Bäume, Sträucher oder Hecken, Weinstöcke oder Hopfenstöcke in einer geringeren Entfernung als 0,50 m oder, falls sie über 2 m hoch sind, in einer geringeren Entfernung als 2 m von der Grenze seines Grundstücks gehalten werden.
(2) Zu Gunsten eines Waldgrundstücks kann nur die Einhaltung eines Abstands von 0,50 m verlangt werden. Das gleiche gilt, wenn Wein oder Hopfen auf einem Grundstück angebaut wird, in dessen Lage dieser Anbau nach den örtlichen Verhältnissen üblich ist.

Art. 48 Grenzabstand bei landwirtschaftlichen Grundstücken

(1) Gegenüber einem landwirtschaftlich genutzten Grundstück, dessen wirtschaftliche Bestimmung durch Schmälerung des Sonnenlichts erheblich beeinträchtigt werden würde, ist mit Bäumen von mehr als 2 m Höhe ein Abstand von 4 m einzuhalten.
(2) Die Einhaltung des in Absatz 1 b estimmten Abstandes kann nur verlangt werden, wenn das Grundstück die bezeichnete wirtschaftliche Bestimmung schon zu der Zeit gehabt hat, zu der die Bäume die Höhe von 2 m überschritten haben.

Art. 49 Messung des Grenzabstands

Der Abstand nach Art. 47 und 48 wird von der Mitte des Stammes an der Stelle, an der dieser aus dem Boden hervortritt, bei Sträuchern und Hecken von der Mitte der zunächst an der Grenze befindlichen Triebe, bei Hopfenstöcken von der Hopfenstange oder dem Steigdraht ab gemessen.

Art. 50 Ausnahmen vom Grenzabstand

(1) Art. 47 und 48 sind nicht auf Gewächse anzuwenden, die sich hinter einer Mauer oder einer sonstigen dichten Einfriedigung befinden und diese nicht oder nicht erheblich überragen. Sie gelten ferner nicht für Bepflanzungen, die längs einer öffentlichen Straße oder auf einem öffentlichen Platz gehalten werden, sowie für Bepflanzungen, die zum Uferschutz, zum Schutz von Abhängen oder Böschungen oder zum Schutz einer Eisenbahn dienen.
(2) Art. 48 Abs. 1 gilt auch nicht für Stein- und Kernobstbäume sowie Bäume, die sich in einem Hofraum oder einem Hausgarten befinden.

(3) Im Fall einer Aufforstung kann die Einhaltung des in Art. 48 Abs. 1 bestimmten Abstandes nicht verlangt werden, wenn die Aufforstung nach der Lage des aufzuforstenden Grundstücks der wirtschaftlichen Zweckmäßigkeit entspricht. Im übrigen bleiben die besonderen Vorschriften über den Grenzabstand bei der Erstaufforstung unberührt.

Art. 51 Ältere Gewächse und Waldungen

(1) Für die bereits zur Zeit des In-Kraft-Tretens des Bürgerlichen Gesetzbuchs vorhandenen Bäume, Sträucher und Hecken sind die vor diesem Zeitpunkt geltenden Vorschriften weiterhin anzuwenden, soweit sie das Halten der Gewächse in einer geringeren als der nach Art. 47 bis 50 einzuhaltenden Entfernung von der Grenze des Nachbargrundstücks gestatten.
(2) Bei einem Grundstück, das bereits zur Zeit des In-Kraft-Tretens des Bürgerlichen Gesetzbuchs mit Wald bestanden war, gilt bis zur ersten Verjüngung des Waldes nach In-Kraft-Treten des Bürgerlichen Gesetzbuchs das Gleiche auch für neue Bäume und Sträucher. Auch nach der Verjüngung ist Art. 48 nicht anzuwenden.
(3) Der Eigentümer eines Waldgrundstücks ist verpflichtet, die Wurzeln eines Baumes oder Strauches, die von einem Nachbargrundstück eingedrungen sind, das bereits zur Zeit des In-Kraft-Tretens des Bürgerlichen Gesetzbuchs mit Wald bestanden war, sowie die von einem solchen Grundstück herüberragenden Zweige bis zur ersten Verjüngung des Waldes auf dem Nachbargrundstück nach In-Kraft-Treten des Bürgerlichen Gesetzbuchs zu dulden.
(4) Dem Eigentümer eines anderen Grundstücks obliegt die Duldungspflicht nach Absatz 3 nur gegenüber den herüberragenden Zweigen, soweit diese mindestens 5 m vom Boden entfernt sind; die Entfernung wird bis zu den unteren Spitzen der Zweige gemessen. Herüberragende Zweige, die weniger als 5 m vom Boden entfernt sind, müssen auf der westlichen, nordwestlichen, südwestlichen und südlichen Seite des mit Wald bestandenen Grundstücks geduldet werden, wenn durch ihre Beseitigung der Fortbestand eines zum Schutz des Waldes erforderlichen Baumes oder Strauches gefährdet oder die Ertragsfähigkeit des Waldbodens infolge des Eindringens von Wind und Sonne beeinträchtigt werden würde.

Art. 52 Verjährung der nachbarrechtlichen Ansprüche

(1) Die sich aus Art. 43 bis 45 und 46 Abs. 1 ergebenden Ansprüche unterliegen nicht der Verjährung. Der Anspruch auf Beseitigung eines die Art. 47 bis 50 und Art. 51 Abs. 1 und 2 verletzenden Zustandes verjährt in fünf Jahren. Die Verjährung beginnt mit dem Schluss des Jahres, in dem
1. der Anspruch entstanden ist, und
2. der Eigentümer des Grundstücks von den den Anspruch begründenden Umständen Kenntnis erlangt oder ohne grobe Fahrlässigkeit erlangen müsste.

(2) Sind Ansprüche nach Absatz 1 Sätze 2 und 3 verjährt und werden die Gewächse durch neue ersetzt, so kann hinsichtlich der neuen Gewächse die Einhaltung des in Art. 47 bis 50 und 51 Abs. 1 und 2 vorgeschriebenen Abstandes verlangt werden.

Berlin

Berliner Nachbarrechtsgesetz

vom 28. 9. 1973 (GVBl. S. 1654) in der Fassung vom 11. 7. 2006 (GVBe. S. 819)

§ 27 Grenzabstände für Bäume und Sträucher

Der Eigentümer und der Nutzungsberechtigte eines Grundstücks haben mit Bäumen und Sträuchern folgende Mindestabstände von den Nachbargrundstücken einzuhalten:

1. mit Bäumen, und zwar
   a) mit stark wachsenden Bäumen, insbesondere der Rotbuche, der Linde, der Platane, der Rosskastanie, der Stieleiche, der Pappel, der Weißbirke, der Douglasfichte und dem Walnussbaum .... 3,00 m
   b) mit Bäumen, die nicht unter Buchstabe a oder c fallen .... 1,50 m
   c) mit nicht hochstämmigen Obstbäumen .... 1,00 m
2. mit Sträuchern .... 0,50 m

§ 28 Grenzabstände für Hecken

(1) Der Eigentümer und der Nutzungsberechtigte eines Grundstücks haben mit Hecken von den Nachbargrundstücken folgende Mindestabstände einzuhalten:

1. mit Hecken über 2 m Höhe .. 1,00 m
2. mit Hecken bis zu 2 m Höhe ..0,50 m

(2) Absatz 1 gilt nicht für Hecken, die nach § 24 Satz 2 auf der Grenze gepflanzt werden.

§ 29 Ausnahmen von den Abstandsvorschriften

Die §§ 27 und 28 gelten nicht für

1. Anpflanzungen an den Grenzen zu Flächen für die Land- und Forstwirtschaft, zu öffentlichen Verkehrsflächen, zu öffentlichen Grünflächen und zu Gewässern,
2. Anpflanzungen auf öffentlichen Verkehrsflächen,
3. Anpflanzungen, die hinter einer geschlossenen Einfriedigung vorgenommen werden und diese nicht überragen; als geschlossen gilt auch eine Einfriedigung, deren Bauteile breiter sind als die Zwischenräume,
4. Wald.

§ 30 Berechnung des Abstandes

Der Abstand wird von der Mitte des Baumstammes, des Strauches oder der Hecke bis zur Grenzlinie gemessen, und zwar an der Stelle, an der die Pflanze aus dem Boden tritt. Bei Hecken, die aus mehreren Pflanzenreihen bestehen, wird der Abstand von der Mitte der Reihe gemessen, die der Grenze am nächsten steht.

§ 31 Beseitigungsanspruch

Wird der vorgeschriebene Mindestabstand nicht eingehalten, so kann der Nachbar die Beseitigung der Anpflanzungen verlangen. Der Eigentümer und der Nutzungsberechtigte des Grundstücks sind befugt, statt dessen die Anpflanzung auf ihrem Grundstück zurückzuschneiden, sofern auch auf diese Weise ein den Vorschriften des Gesetzes entsprechender Zustand hergestellt werden kann.

§ 32 Ausschluss des Beseitigungsanspruchs

Der Anspruch nach diesem Gesetz auf Beseitigung von Anpflanzungen, die die vorgeschriebenen Mindestabstände nicht einhalten, ist ausgeschlossen, wenn der Nachbar nicht bis zum Ablauf des fünften auf das Anpflanzen folgenden Kalenderjahres Klage auf Beseitigung erhoben hat. Für Hecken, die beim Anpflanzen den vorgeschriebenen Abstand einhalten, beginnt die Frist, wenn sie über die nach diesem Gesetz zulässige Höhe hinausgewachsen sind.

§ 33 Erstanpflanzungen

Werden für Anpflanzungen, bei denen der Beseitigungsanspruch nach § 32 ausgeschlossen ist, Ersatzanpflanzungen vorgenommen, so gelten für die Ersatzpflanzungen die §§ 27 bis 32. Dies gilt nicht für die Ersetzung einzelner abgestorbener Heckenpflanzen einer geschlossenen Hecke.

§ 34 Nachträgliche Grenzänderungen

Die Rechtmäßigkeit des Abstandes einer Anpflanzung wird durch nachträgliche Grenzänderungen nicht berührt; § 33 gilt entsprechend.

§ 35 Wild wachsende Pflanzen

Die Vorschriften dieses Abschnitts gelten für wild wachsende Pflanzen entsprechend. Als Anpflanzen im Sinne des § 32 Satz 1 gilt die Erklärung des Grundstückeigentümers gegenüber dem Nachbarn, daß er die wild wachsende Pflanze nicht beseitigen wolle.

Brandenburg

Brandenburgisches Nachbarrechtsgesetz (BbgNRG)

vom 28. Juni 1996 (GVBl. I/96 S. 226)

Erster Abschnitt
Allgemeine Vorschriften

§ 1 Grundsatz

Die Grundstücksnachbarn haben ihre nachbarlichen Beziehungen so zu gestalten, dass ihre individuellen und gemeinschaftlichen Interessen mit den Erfordernissen, die an ein gutes nachbarschaftliches Verhältnis zu stellen sind, übereinstimmen und gegenseitig keine Schäden oder vermeidbare Belästigungen aus der Nutzung der Grundstücke und Gebäude entstehen. Zur Beilegung von Konflikten haben sie verantwortungsbewusst zusammenzuwirken.

§ 2 Nachbar, Erbbauberechtigter

(1) Nachbar im Sinne dieses Gesetzes ist der Eigentümer des an ein Grundstück angrenzenden Grundstücks.
(2) Im Falle der Belastung des Grundstücks mit einem Erbbaurecht tritt der Erbbauberechtigte an die Stelle des Grundstückseigentümers.

§ 3 Anwendungsbereich

(1) Die §§ 5 bis 31 und 33 bis 59 gelten nur, soweit die Nachbarn keine von diesen Bestimmungen abweichenden Vereinbarungen treffen oder zwingende öffentlich-rechtliche Vorschriften oder bestandskräftige Verwaltungsakte nicht entgegenstehen.
(2) Die in diesem Gesetz vorgesehene Schriftform ist nicht abdingbar.

§ 4 Verjährung

(1) Ansprüche auf Schadensersatz nach diesem Gesetz verjähren in drei Jahren von dem Zeitpunkt an, in welchem der Verletzte von dem Schaden und der Person des Ersatzpflichtigen Kenntnis erlangt oder hätte erlangen können, im übrigen ohne Rücksicht auf diese Kenntnis in 30 Jahren von der Vornahme der Handlung an.
(2) Andere auf Zahlung von Geld gerichtete Ansprüche nach diesem Gesetz verjähren in drei Jahren. Die Verjährung beginnt mit dem Schluss des Jahres, in welchem der Anspruch fällig wird.

Achter Abschnitt
Einfriedung

§ 28 Einfriedungspflicht

Jeder Grundstückseigentümer kann von dem Nachbarn die Einfriedung nach folgenden Regeln verlangen:
1. Wenn Grundstücke unmittelbar nebeneinander an derselben Straße liegen, so hat jeder Grundstückseigentümer an der Grenze zum

rechten Nachbargrundstück einzufrieden.

2. a) Rechtes Nachbargrundstück ist das, das von der Straße aus betrachtet rechts liegt.
   b) Liegt ein Grundstück zwischen zwei Straßen, so ist das Grundstück rechtes Nachbargrundstück, welches von der Straße aus betrachtet rechts liegt, an der sich der Haupteingang des Grundstücks befindet. Ist ein Haupteingang nicht feststellbar, so hat der Grundstückseigentümer auf Verlangen des Nachbarn zu bestimmen, welche Straße als die Straße gelten soll, an der sich der Haupteingang befindet; § 264 Abs. 2 des Bürgerlichen Gesetzbuches gilt entsprechend. Durch Verlegung des Haupteingangs wird die Einfriedungspflicht ohne Zustimmung des Eigentümers des angrenzenden Grundstücks nicht verändert.
   c) Für Eckgrundstücke gilt Buchstabe a ohne Rücksicht auf die Lage des Haupteingangs.
3. Als Straßen gelten auch Wege, wenn solche an Stelle von Straßen für die Lage von Grundstücken maßgeblich sind.
4. Wenn an einer Grenze beide Nachbarn einzufrieden haben, so haben sie gemeinsam einzufrieden.
5. An Grenzen, für die durch Nummer 1 keine Einfriedungspflicht begründet wird, insbesondere an beiderseits rückwärtigen Grenzen, ist gemeinsam einzufrieden.

§ 29 Anzeigepflicht

(1) Die Absicht, eine Einfriedung zu errichten, zu beseitigen, durch eine andere zu ersetzen oder wesentlich zu verändern, ist dem Nachbarn mindestens zwei Wochen vor Beginn der Arbeiten anzuzeigen; § 8 Abs. 2 gilt entsprechend.
(2) Die Anzeigepflicht besteht auch dann, wenn der Nachbar weder die Einfriedung verlangen kann noch zu den Kosten beizutragen hat.

§ 30 Ausnahmen von der Einfriedungspflicht

(1) Eine Einfriedungspflicht besteht nicht, wenn und soweit die Grenze mit Gebäuden besetzt ist oder Einfriedungen nicht ortsüblich sind.
(2) Eine Einfriedungspflicht besteht ferner nicht für Grenzen zwischen Grundstücken und den an sie angrenzenden Flächen für die Land- und Forstwirtschaft, öffentlichen Verkehrsflächen, öffentlichen Grünflächen und Gewässern.

§ 31 Einfriedungspflicht des Störers

Besteht keine Einfriedungspflicht nach § 30, so hat der Eigentümer eines bebauten oder gewerblich genutzten Grundstücks gleichwohl das Grundstück auf Verlangen des Eigentümers des Nachbargrundstücks einzufrieden, wenn

1. von seinem Grundstück unzumutbare Beeinträchtigungen des Nachbargrundstücks ausgehen, die durch eine

Einfriedung verhindert oder gemildert werden können, und
2. die Einfriedung zulässig ist.

§ 32 Beschaffenheit

(1) Es kann nur die Errichtung einer ortsüblichen Einfriedung oder, wenn keine Ortsüblichkeit feststellbar ist, eines etwa 1,25 m hohen Zaunes aus Maschendraht verlangt werden. Können Nachbarn, die gemeinsam einzufrieden haben, sich nicht auf eine unter mehreren ortsüblichen Einfriedungen einigen, so ist ein Zaun der in Satz 1 bezeichneten Art zu errichten.
(2) Schreiben öffentlich-rechtliche Vorschriften eine andere Art der Einfriedung vor, so tritt diese an die Stelle der in Abs. 1 genannten Einfriedungsart.
(3) Bietet die Einfriedung gemäß Abs. 1 keinen angemessenen Schutz vor unzumutbaren Beeinträchtigungen, so hat auf Verlangen des Nachbarn derjenige, von dessen Grundstück die Beeinträchtigungen ausgehen, die Einfriedung im erforderlichen Umfang zu verstärken oder höher auszuführen.

§ 33 Standort

Wer zur Einfriedung allein verpflichtet ist, hat die Einfriedung auf seinem Grundstück zu errichten. Haben Nachbarn gemeinsam einzufrieden, so ist die Einfriedung auf der gemeinsamen Grenze zu errichten.

§ 34 Kosten der Errichtung

(1) Wer zur Einfriedung allein verpflichtet ist, hat die Kosten der Einfriedung zu tragen.
(2) Haben Nachbarn gemeinsam einzufrieden, so tragen sie die Kosten der Einfriedung je zur Hälfte. Ist bei gemeinsamer Einfriedung nur für eines der beiden Grundstücke eine Einfriedung nach § 32 Abs. 2 vorgeschrieben, so sind die Kosten einer Einfriedung nach § 32 Abs. 1 maßgebend; die Mehrkosten trägt der gemäß § 32 Abs. 2 verpflichtete Grundstückseigentümer. Die bei einer Einfriedung nach § 32 Abs. 3 gegenüber einer Einfriedung nach § 32 Abs. 1 oder 2 entstehenden Mehrkosten der Errichtung trägt der Nachbar, von dessen Grundstück die Beeinträchtigungen ausgehen.

§ 35 Benutzung und Kosten der Unterhaltung

(1) Wer zur Einfriedung allein verpflichtet ist, ist zur ausschließlichen Benutzung der Einfriedung berechtigt und hat die Kosten der Unterhaltung der Einfriedung zu tragen.
(2) Haben Nachbarn gemeinsam einzufrieden, so gilt für die gemeinsame Benutzung und Unterhaltung der Einfriedung auch dann die Regelung des § 922 des Bürgerlichen Gesetzbuches, wenn die Einfriedung ganz auf einem der Grundstücke errichtet ist.

Neunter Abschnitt
Grenzabstände für Pflanzen

§ 36 Grenzabstände für Wald

Auf Waldgrundstücken sind gegenüber Nachbargrundstücken zumindest die Grenzabstände für Wald bei Verjüngung nach Maßgabe des Waldgesetzes des Landes Brandenburg einzuhalten.

§ 37 Grenzabstände für Bäume, Sträucher und Hecken

(1) Mit Bäumen außerhalb des Waldes, Sträuchern und Hecken (Anpflanzungen) von über 2 m regelmäßiger Wuchshöhe ist ein solcher Abstand zum Nachbargrundstück einzuhalten, dass
1. bei Obstbäumen ein Abstand von 2 m,
2. bei sonstigen Bäumen ein Abstand von 4 m und
3. im übrigen für jeden Teil der Anpflanzung der Abstand mindestens ein Drittel seiner Höhe über dem Erdboden

beträgt. Der Abstand wird waagerecht und rechtwinklig zur Grenze gemessen.
(2) Der doppelte Abstand ist gegenüber Grundstücken einzuhalten, die landwirtschaftlich oder erwerbsgärtnerisch genutzt oder zu diesem Zweck vorübergehend nicht genutzt werden.

§ 38 Ausnahmen von den Abstandsvorschriften

§ 37 gilt nicht für
1. Anpflanzungen, die hinter einer geschlossenen Einfriedung vorgenommen werden und diese nicht überragen; als geschlossen gilt auch eine Einfriedung, deren Bauteile breiter sind als die Zwischenräume;
2. Anpflanzungen auf öffentlichen Verkehrsflächen;
3. Anpflanzungen an den Grenzen zu öffentlichen Verkehrsflächen, zu öffentlichen Grünflächen und zu oberirdischen Gewässern von jeweils mehr als 4 m Breite;
4. Hecken, die nach § 33 auf der Grenze angepflanzt werden oder die das öffentliche Recht als Einfriedung vorschreibt.

§ 37 gilt ferner nicht, wenn das öffentliche Recht andere Grenzabstände vorschreibt.

§ 39 Beseitigungsanspruch

Wird der vorgeschriebene Mindestabstand nicht eingehalten, so kann der Nachbar die Beseitigung der Anpflanzung verlangen. Der Eigentümer und der Nutzungsberechtigte des Grundstücks sind befugt, statt dessen die Anpflanzung auf ihrem Grundstück zurückzuschneiden, sofern auch auf diese Weise ein den Vorschriften dieses Gesetzes entsprechender Zustand hergestellt werden kann. Eine Beseitigung oder Zurückschneidung kann nur verlangt werden, soweit pflanzenschützende Vorschriften nicht berührt werden.

§ 40 Ausschluss des Beseitigungsanspruchs

Der Anspruch nach diesem Gesetz auf Beseitigung von Anpflanzungen, die die vorgeschriebenen Mindestabstände nicht einhalten, ist ausgeschlossen, wenn der Nachbar nicht bis zum Ablauf des zweiten auf das Anpflanzen folgenden Kalenderjahres Klage auf Beseitigung erhoben hat. Für Anpflanzungen, die zunächst die vorgeschriebenen Abstände einhalten, beginnt die Frist, wenn sie über die nach diesem Gesetz zulässige Höhe hinausgewachsen sind.

§ 41 Ersatzanpflanzungen

Werden für Anpflanzungen, bei denen der Anspruch auf Beseitigung nach § 40 ausgeschlossen ist, Ersatzanpflanzungen oder Nachpflanzungen vorgenommen, so sind die nach diesem Gesetz vorgeschriebenen Abstände einzuhalten. Dies gilt nicht für die Ersetzung einzelner abgestorbener Heckenpflanzen einer geschlossenen Hecke.

§ 42 Nachträgliche Grenzänderungen

Die Rechtmäßigkeit des Abstandes wird durch nachträgliche Grenzänderungen nicht berührt; § 41 gilt entsprechend.

§ 43 Wild wachsende Pflanzen

Die Vorschriften dieses Abschnitts gelten für wild wachsende Pflanzen entsprechend. Als Anpflanzen im Sinne des § 40 Satz 1 gilt die Erklärung des Grundstückseigentümers gegenüber dem Nachbarn, daß er die wild wachsende Pflanze nicht beseitigen wolle.

Dreizehnter Abschnitt **Übergangs- und Schlussvorschriften**

§ 61 Übergangsvorschriften

(1) Der Umfang von Rechten, die bei In-Kraft-Treten dieses Gesetzes bestehen, richtet sich unbeschadet der Vorschrift des Abs. 2 nach diesem Gesetz.
(2) Der Anspruch auf Beseitigung von Pflanzen, die bei In-Kraft-Treten des Gesetzes vorhanden sind und deren Grenzabstände den Vorschriften dieses Gesetzes nicht entsprechen, ist ausgeschlossen, wenn
1. der Nachbar nicht innerhalb eines Jahres nach In-Kraft-Treten dieses Gesetzes Klage auf Beseitigung erhoben hat oder
2. die Pflanzen dem bisherigen Recht entsprechen.

(3) Ansprüche auf Zahlung aufgrund dieses Gesetzes bestehen nur, wenn das den Anspruch begründende Ereignis nach In-Kraft-Treten dieses Gesetzes eingetreten ist; anderenfalls behält es bei dem bisherigen Recht sein Bewenden.

§ 62 Inkrafttreten, Außerkrafttreten

(1) Dieses Gesetz tritt am Tage nach der Verkündung in Kraft.[1])

[1]) Abs. 1: Verkündet am 3. Juli 1996

(2) Gleichzeitig treten, soweit sie als Landesrecht fortgelten,
1. die §§ 316 bis 322 des Zivilgesetzbuchs der Deutschen Demokrati-

schen Republik vom 19. Juni 1975 (GBl. I Nr. 27 S. 465),

2. Erster Teil, Achter Titel §§ 125 bis 131, 133, 137 bis 140, 142 bis 144, 146 bis 148, 152, 153, 155, 156, 162 bis 167, 169 bis 174, 185, 186, Zweiundzwanzigster Titel §§ 55 bis 62 des Allgemeinen Landrechts für die Preußischen Staaten vom 5. Februar 1794,

außer Kraft.

Hamburg

Hamburgische Bauordnung (HBauO)

vom 14. Dezember 2005
(HmbGVBl. S. 525, berichtigt S. 563)

§ 11 Einfriedigungen

1. Bauliche Einfriedigungen an der Grenze zu öffentlichen Wegen und Grünflächen sowie an der Grenze zu benachbarten Grundstücken in der Tiefe der Vorgärten sind bis zu einer Höhe von 1,50 m, vom eigenen Grund gemessen, zulässig.
2. Sie müssen durchbrochen sein.
3. Einfriedigungen von gewerblich genutzten Grundstücken dürfen dicht und bis 2,25 m hoch ausgeführt werden.

Hessen

Hessisches Nachbarrechtsgesetz

vom 24. 9. 1962
in der Fassung des Gesetzes
vom 25. 9. 1990 (GVBl. I S. 563)

§ 38 Grenzabstände für Bäume, Sträucher und einzelne Rebstöcke

Der Eigentümer und die Nutzungsberechtigten eines Grundstücks haben bei dem Anpflanzen von Bäumen, Sträuchern und einzelnen Rebstöcken von den Nachbargrundstücken – vorbehaltlich des § 40 – folgende Abstände einzuhalten:

1. mit Allee- und Parkbäumen, und zwar
   a) **sehr stark** wachsenden Allee- und Parkbäumen, insbesondere dem Eschenahorn *(Acer negundo)*, sämtlichen Lindenarten *(Tilia)*, der Platane *(Platanus acerifolia)*, der Rosskastanie *(Aesculus hippocastanum)*, der Rotbuche *(Fagus sylvatica)*, der Stieleiche *(Quercus robur)*, ferner der Atlas- und Libanon-Zeder *(Cedrus atlantica* und *libani)*, der Douglasfichte *(Pseudotsuga taxifolia)*, der Eibe *(Taxus baccata)*, der österreichischen Schwarzkiefer *(Pinus nigra austriaca)* .... 4 m
   b) **stark** wachsenden Allee- und Parkbäumen, insbesondere der Mehlbeere *(Sorbus intermedia)*, der Weißbirke *(Betula pendula)*, der Weißerle *(Alnus incana)*, ferner der Fichte oder Rottanne *(Picea abies)*, der gemeinen Kiefer oder Föhre *(Pinus sylvestris)*, dem abendländischen Lebensbaum *(Thuja occidentalis)* .... 2 m
   c) allen übrigen Allee- und Parkbäumen .... 1,50 m
2. Mit Obstbäumen, und zwar
   a) Walnusssämlingsbäumen ..... 4 m
   b) Kernobstbäumen, soweit sie auf stark wachsender Unterlage veredelt sind, sowie Süßkirschenbäumen und veredelten Walnussbäumen .... 2 m
   c) Kernobstbäumen, soweit sie auf schwach wachsender Unterlage veredelt sind, sowie Steinobstbäumen, ausgenommen die Süßkirschenbäume .... 1,50 m
3. mit Ziersträuchern, und zwar
   a) **stark** wachsenden Ziersträuchern, insbesondere der Alpenrose *(Rhododendron-*Hybriden*)*, dem Feldahorn *(Acer campestre)*, dem Feuerdorn *(Pyracantha coccinea)*, dem Flieder *(Syringa vulgaris)*, dem Goldglöckchen *(Forsythia intermedia)*, der Rotblättrigen Haselnuss *(Corylus avellana* var. *fuscorubra)*, den stark wachsenden Pfeifensträuchern – Falscher Jasmin – *(Philadelphus coronarius, satsumanus, zeyheri* u. a.), ferner dem Wacholder *(Juniperus communis)* .... 1 m

b) allen übrigen Ziersträuchern .... 0,50 m
4. mit Beerensträuchern, und zwar
a) Brombeersträuchern .... 1 m
b) allen übrigen Beerenobststräuchern .... 0,50 m
5. mit einzelnen Rebstöcken .... 0,50 m

§ 39 Grenzabstand für lebende Hecken

(1) Der Eigentümer und die Nutzungsberechtigten eines Grundstücks haben bei dem Anpflanzen lebender Hecken von den Nachbargrundstücken – vorbehaltlich des § 40 – folgende Abstände einzuhalten:
1. mit Hecken über 2 m Höhe ... 0,75 m
2. mit Hecken bis zu 2 m Höhe .... 0,50 m
3. mit Hecken bis zu 1,20 m Höhe .... 0,25 m

(2) Abs. 1 gilt nicht für Hecken, die das öffentliche Recht als Einfriedigung vorschreibt.

§ 40 Ausnahmen

(1) Die doppelten Abstände nach den §§ 38 und 39 sind einzuhalten gegenüber Grundstücken, die
1. dem Weinbau dienen,
2. landwirtschaftlich nutzbar sind oder dem Erwerbsgartenbau oder dem Kleingartenbau dienen und im Außenbereich (§ 19 Abs. 1 Nr. 3, § 35 Baugesetzbuch) liegen oder
3. durch Bebauungsplan der landwirtschaftlichen, erwerbsgärtnerischen oder kleingärtnerischen Nutzung vorbehalten sind.

(2) Die §§ 38 und 39 gelten nicht für
1. Anpflanzungen, die hinter einer Wand oder Mauer vorgenommen werden und diese nicht überragen,
2. Anpflanzungen an den Grenzen zu öffentlichen Straßen, zu öffentlichen Grünflächen und zu Gewässern,
3. Anpflanzungen auf öffentlichen Straßen.

(3) § 16 Abs. 4 und 5 des Hessischen Forstgesetzes in der Fassung vom 4. Juli 1978 (GVBl. I S. 424, 584), zuletzt geändert durch Gesetz vom 29. März 1988 (GVBl. I S. 130), bleibt unberührt.

§ 41 Berechnung des Abstandes

Der Abstand wird von der Mitte des Baumstammes, des Strauches oder des Rebstocks bis zur Grenzlinie gemessen, und zwar an der Stelle, an der der Baum, der Strauch oder der Rebstock aus dem Boden austritt.

§ 42 Grenzabstand im Weinbau

(1) Der Eigentümer und die Nutzungsberechtigten eines dem Weinbau dienenden Grundstücks haben bei dem Anpflanzen von Rebstöcken folgende Abstände einzuhalten:
1. gegenüber den parallel zu den Rebzeilen verlaufenden Grenzen die Hälfte des geringsten Zeilenabstandes, gemessen zwischen den Mittellinien der Rebzeilen, mindestens aber 0,75 m.
2. gegenüber den sonstigen Grenzen, gerechnet von dem äußersten Rebstock oder von der Verankerung, falls eine solche vorhanden ist, 0,5 m.

(2) Übersteigt die Gesamthöhe der Rebanlage 1,80 m (Rebschnittgärten, Weitraumanlage), so beträgt der Abstand nach Abs. 1 Nr. 1 mindestens 1,5 m.

§ 43 Ausschluss des Beseitigungsanspruchs und Ersatzanpflanzungen

(1) Der Anspruch auf Beseitigung von Anpflanzungen, die geringere als die in den §§ 38 bis 42 vorgeschriebenen Abstände einhalten, ist ausgeschlossen,
1. wenn die Anpflanzungen bei In-Kraft-Treten dieses Gesetzes vorhanden sind und ihre Abstände dem bisherigen Recht entsprechen oder
2. wenn der Nachbar nicht binnen fünf Jahren nach dem Anpflanzen Klage auf Beseitigung erhoben hat;
   diese Frist beginnt frühestens mit dem In-Kraft-Treten dieses Gesetzes.

(2) Werden für die in Abs. 1 genannten Anpflanzungen Ersatzanpflanzungen vorgenommen, so gelten die §§ 38 bis 42. Werden aber in geschlossenen Obstanlagen einzelne Obstbäume nachgepflanzt, so bleibt der Abstand der anderen Obstbäume maßgebend.

§ 44 Nachträgliche

Die Rechtmäßigkeit des Abstandes einer Anpflanzung wird durch nachträgliche Grenzänderungen nicht berührt; jedoch gilt § 43 Abs. 2 entsprechend.

§ 45 Anwendungsbereich des Gesetzes

Die §§ 1 bis 44 gelten nur, soweit öffentlich-rechtliche Vorschriften nicht entgegenstehen oder die Beteiligten nichts anderes vereinbaren.

Niedersachsen

Niedersächsisches Nachbarrechtsgesetz

vom 31. März 1967
(Nieders. GVBl. S. 91)
in der Fassung des Änderungsgesetzes vom 23. Februar 2006
(Nieders. GVBl. S. 88)

Elfter Abschnitt
Grenzabstände für Pflanzen, ausgenommen Waldungen

§ 50 Grenzabstände für Bäume und Sträucher

(1) Mit Bäumen und Sträuchern sind je nach ihrer Höhe mindestens folgende Abstände von den Nachbargrundstücken einzuhalten:
a) bis zu 1,2 m Höhe .... 0,25 m
b) bis zu 2 m Höhe .... 0,50 m
c) bis zu 3 m Höhe .... 0,75 m
d) bis zu 5 m Höhe .... 1,25 m
e) bis zu 15 m Höhe .... 3,00 m
f) über 15 m Höhe .... 8,00 m
(2) Die in Absatz 1 bestimmten Abstände gelten auch für lebende Hecken, falls die Hecke nicht gemäß § 30 auf die Grenze gepflanzt wird. Sie gelten auch für ohne menschliches Zutun gewachsene Pflanzen.
(3) Im Falle des § 31 ist der Abstand so zu bemessen, dass vor den Pflanzen ein Streifen von 0,60 m freibleibt.
(4) Die Absätze 1 bis 3 gelten auch für die Nutzungsberechtigten von Teilflächen eines Grundstücks in ihrem Verhältnis zueinander.

§ 51 Bestimmung des Abstandes

Der Abstand wird am Erdboden von der Mitte des Baumes oder des Strauches bis zur Grenze gemessen.

§ 52 Ausnahmen

(1) § 50 gilt nicht für
1. Anpflanzungen hinter einer Wand oder einer undurchsichtigen Einfriedigung, wenn sie diese nicht überragen,
2. Anpflanzungen an den Grenzen zu öffentlichen Straßen und zu Gewässern,
3. Anpflanzungen auf öffentlichen Straßen und auf Uferböschungen.
(2) Im Außenbereich (§ 35 Abs. 1 des Baugesetzbuches) genügt ein Grenzabstand von 1,25 m für alle Anpflanzungen über 3 m Höhe.

§ 53 Anspruch auf Beseitigen oder Zurückschneiden

(1) Bäume, Sträucher oder Hecken mit weniger als 0,25 m Grenzabstand sind auf Verlangen des Nachbarn zu beseitigen. Der Nachbar kann dem Eigentümer die Wahl lassen, die Anpflanzungen zu beseitigen oder durch Zurückschneiden auf einer Höhe bis zu 1,2 m zu halten.
(2) Bäume, Sträucher oder Hecken, welche über die im § 50 oder § 52 zugelassenen Höhen hinauswachsen, sind auf

Verlangen des Nachbarn auf die zulässige Höhe zurückzuschneiden, wenn der Eigentümer sie nicht beseitigen will.
(3) Der Eigentümer braucht die Verpflichtung zur Beseitigung oder zum Zurückschneiden von Pflanzen nur in der Zeit vom 1. Oktober bis zum 15. März zu erfüllen.

§ 54 Ausschluss des Anspruches auf Beseitigen oder Zurückschneiden

(1) Der Anspruch auf Beseitigung von Anpflanzungen mit weniger als 0,25 m Grenzabstand (§ 53 Abs. 1 Satz 1) ist ausgeschlossen, wenn der Nachbar nicht spätestens im fünften auf die Anpflanzung folgenden Kalenderjahr Klage auf Beseitigung erhebt. Diese Anpflanzungen müssen jedoch, wenn sie über 1,2 m Höhe hinauswachsen, auf Verlangen des Nachbarn zurückgeschnitten werden.
(2) Der Anspruch auf Zurückschneiden von Anpflanzungen (Absatz 1 Satz 2 und § 53 Abs. 2) ist ausgeschlossen, wenn die Anpflanzungen über die nach diesem Gesetz zulässige Höhe hinauswachsen und der Nachbar nicht spätestens im fünften darauf folgenden Kalenderjahr Klage auf Zurückschneiden erhebt. Nach Ablauf der Ausschlussfrist kann der Nachbar vom Eigentümer jedoch verlangen, die Anpflanzung durch jährliches Beschneiden auf der jetzigen Höhe zu halten; im Fall der Klage auf Beschneiden, ist die jetzige Höhe die Höhe im Zeitpunkt der Klageerhebung.
(3) Der Klageerhebung steht die Bekanntgabe eines Antrags auf Durchführung eines Schlichtungsverfahrens vor dem Schiedsamt oder einer anderen Gütestelle, die Streitbeilegungen betreibt, gleich.

§ 55 Bei Inkrafttreten des Gesetzes vorhandene Pflanzen – Außenbereich

(1) Für Anpflanzungen, die bei Inkrafttreten dieses Gesetzes vorhanden sind und deren Grenzabstand dem bisherigen Recht entspricht, gelten folgende besondere Regeln:
1. Der Anspruch auf Beseitigung (§ 53 Abs. 1 Satz 1) ist ausgeschlossen.
2. Der Anspruch auf Zurückschneiden (§ 53 Abs. 2) ist ausgeschlossen, wenn die Anpflanzung bei Inkrafttreten des Gesetzes über 3 m hoch ist.
3. Anpflanzungen, die bei Inkrafttreten des Gesetzes nicht über 3 m hoch sind, jedoch über die nach § 50 Abs. 1 Buchst. a und b zulässigen Höhen von 1,2 m oder 2 m hinausgewachsen waren, sind auf Verlangen des Nachbarn durch Zurückschneiden auf derjenigen Höhe zu halten, die sie bei Inkrafttreten des Gesetzes hatten;
   der weitergehende Anspruch auf Zurückschneiden ist ausgeschlossen.
   § 54 Abs. 2 ist entsprechend anzuwenden.

(2) Absatz 1 gilt entsprechend für Anpflanzungen, deren Standort infolge Veränderung des Außenbereichs (§ 35 Abs. 1 des Baugesetzbuches) aufhört, zum Außenbereich zu gehören.
(3) Entspricht der Grenzabstand von Anpflanzungen, die bei Inkrafttreten des Gesetzes vorhanden sind, nicht dem bisherigen Recht, so enden die in § 54 bestimmten Fristen frühestens zwei Jahre nach Inkrafttreten dieses Gesetzes.

§ 56 Ersatzanpflanzungen

Bei Ersatzanpflanzungen sind die in den §§ 50 und 52 Abs. 2 vorgeschriebenen Abstände einzuhalten; jedoch dürfen in geschlossenen Anlagen einzelne Bäume oder Sträucher nachgepflanzt werden und zur Höhe der übrigen heranwachsen.

§ 57 Nachträgliche Grenzänderungen

Die Rechtmäßigkeit des Abstandes und der Höhe einer Anpflanzung wird durch nachträgliche Grenzänderungen nicht berührt; jedoch gilt § 56 entsprechend.

Grenzabstände für Waldungen

§ 58 Grenzabstände

(1) In Waldungen sind von den Nachbargrundstücken mit Ausnahme von Ödland, öffentlichen Straßen, öffentlichen Gewässern und anderen Waldungen folgende Abstände einzuhalten:
mit Gehölzen bis zu 2 m Höhe .... 1 m
mit Gehölzen bis zu 4 m Höhe .... 2 m
mit Gehölzen über 4 m Höhe ..... 8 m
(2) Werden Waldungen verjüngt, die bei Inkrafttreten dieses Gesetzes vorhanden sind, so genügt für die neuen Gehölze über 4 m Höhe der bisherige Grenzabstand derartiger Gehölze, jedoch ist mit ihnen mindestens 4 m Grenzabstand einzuhalten.
(3) Die §§ 51, 56 und 57 sind entsprechend anzuwenden.

§ 59 Beseitigungsanspruch

(1) Gehölze, die entgegen § 58 nicht den Mindestgrenzabstand von 1 m haben oder über die zulässige Höhe hinauswachsen, sind auf Verlangen des Nachbarn zu beseitigen.
(2) Der Anspruch auf Beseitigung ist ausgeschlossen,
1. wenn die Gehölze bei Inkrafttreten dieses Gesetzes rechtmäßig vorhanden waren oder
2. wenn nach Inkrafttreten dieses Gesetzes gepflanzte Gehölze über die zulässige Höhe hinauswachsen und der Nachbar nicht spätestens in dem fünften darauf folgenden Kalenderjahr Klage auf Beseitigung erhebt.

§ 60 Bewirtschaftung von Wald

Bei der Bewirtschaftung von Wald hat der Waldbesitzer auf die Bewirtschaftung benachbarter Waldgrundstücke Rücksicht zu nehmen, soweit dies im Rahmen ordnungsgemäßer Forstwirtschaft ohne unbillige Härten möglich ist.

§ 63 Übergangsvorschriften

(1) Der Umfang von Befugnissen, die bei Inkrafttreten dieses Gesetzes auf Grund des bisherigen Rechtes bestehen, richtet sich – unbeschadet der §§ 25, 33, 40, 55, 59 und 62 – nach den Vorschriften dieses Gesetzes.
(2) Einzelvereinbarungen der Beteiligten werden durch dieses Gesetz nicht berührt. Die nachbarrechtlichen Bestimmungen in Rezessen und Flurbereini-

gungsplänen treten außer Kraft, soweit sie diesem Gesetz widersprechen.
(3) Ansprüche auf Zahlung auf Grund der Vorschriften dieses Gesetzes bestehen nur, wenn das den Anspruch begründende Ereignis nach Inkrafttreten dieses Gesetzes eingetreten ist; andernfalls behält es beim bisherigen Recht sein Bewenden.
(4) Geht die Verpflichtung, eine Einfriedigung zu unterhalten, mit dem Inkrafttreten dieses Gesetzes von dem einen Nachbarn auf den anderen über, so ist die Einfriedigung von dem bisher unterhaltspflichtigen Nachbarn innerhalb von zwei Jahren in ordnungsgemäßen Zustand zu versetzen. Der bisher Verpflichtete kann sich auf den Übergang der Unterhaltspflicht erst berufen, wenn er seiner Pflicht nach Satz 1 genügt hat.
(5) Geldansprüche, die am 1. Oktober 2006 noch nicht verjährt sind, verjähren nicht vor Ablauf der nach § 2 Abs. 2 des Niedersächsischen Nachbarrechtsgesetzes in der bis zu diesem Tage geltenden Fassung berechneten Frist.

Nordrhein-Westfalen

Nachbarrechtsgesetz

vom 15. 4. 1969, in der Fassung der Änderungsgesetze vom 18. 2. 1975, vom 7. 3. 1995 (GV.-NW S. 193), und vom 5. 4. 2005 (GV.-NRW. S. 274)

§ 41 Grenzabstände für bestimmte Bäume, Sträucher und Rebstöcke

(1) Mit Bäumen außerhalb des Waldes, Sträuchern und Rebstöcken sind von den Nachbargrundstücken – vorbehaltlich des § 43 – folgende Abstände einzuhalten:

1. mit Bäumen außerhalb den Obstgehölzen, und zwar
   a) stark wachsenden Bäumen, insbesondere der Rotbuche *(Fagus sylvatica)* und sämtliche Arten der Linde *(Tilia)*, der Platane *(Platanus)*, der Eiche *(Quercus)* und der Pappel *(Populus)* ...... 4,00 m
   b) allen übrigen Bäumen ..... 2,00 m
2. mit Ziersträuchern, und zwar
   a) stark wachsenden Ziersträuchern, insbesondere dem Feldahorn *(Acer campestre)*, dem Flieder *(Syringa vulgaris)*, dem Goldglöckchen *(Forsythia intermedia)*, der Haselnuss *(Corylus avellana)*, den Pfeifensträuchern – falscher Jasmin – *(Philadelphus coronarius)* .... 1,00 m
   b) allen übrigen Ziersträuchern .... 0,50 m
3. mit Obstgehölzen, und zwar
   a) Kernobstbäumen, soweit sie auf stark wachsender Unterlage veredelt sind, sowie Süßkirschenbäumen, Walnussbäumen und Esskastanienbäumen ...... 2,00 m
   b) Kernobstbäumen, soweit sie auf mittelstark wachsender Unterlage veredelt sind, sowie Steinobstbäumen, ausgenommen die Süßkirschenbäume ....1,50 m
   c) Kernobstbäumen, soweit sie auf schwach wachsender Unterlage veredelt sind .... 1,00 m
4. mit Rebstöcken, und zwar
   a) in geschlossenen Rebanlagen, deren Gesamthöhe 1,80 m übersteigt (Weitraumanlagen) .... 1,50 m
   b) in allen übrigen geschlossenen Rebanlagen .... 0,75 m
   c) einzelnen Rebstöcken ..... 0,50 m

(2) Ziersträucher und Beerenobststräucher dürfen in ihrer Höhe das Dreifache ihres Abstandes zum Nachbargrundstück nicht überschreiten. Strauchtriebe, die in einem geringeren als der Hälfte des vorgeschriebenen Abstandes aus dem Boden austreten, sind zu entfernen.

§ 42 Grenzabstände für Hecken

Es sind mit Hecken – vorbehaltlich des § 43 –
a) über 2 m Höhe .... 1,00 m
und
b) bis zu 2 m Höhe .... 0,50 m
Abstand von der Grenze einzuhalten.

Das gilt nicht, wenn das öffentliche Recht andere Grenzabstände vorschreibt.

§ 43 Verdoppelung der Abstände

Die doppelten Abstände nach den §§ 41 und 42, höchstens jedoch 6 m, sind einzuhalten gegenüber Grundstücken, die
a) landwirtschaftlich, gärtnerisch oder durch Weinbau genutzt oder zu diesen Zwecken vorübergehend nicht genutzt sind und im Außenbereich (§ 19 Abs. 2 des Bundesbaugesetzes) liegen oder
b) durch Bebauungsplan der landwirtschaftlichen, gärtnerischen oder weinbaulichen Nutzung vorbehalten sind.

§ 44 Baumschulen

Es sind mit Baumschulbeständen
a) über 2 m Höhe . . . . 2,00 m
b) bis zu 2 m Höhe . . . . 1,00 m
und
c) bis zu 1 m Höhe . . . . 0,50 m
Abstand von der Grenze einzuhalten.

§ 45 Ausnahmen

(1) Die §§ 40 bis 44 gelten nicht für
a) Anpflanzungen an den Grenzen zu öffentlichen Verkehrsflächen, zu öffentlichen Grünflächen und zu oberirdischen Gewässern von mehr als 4 m Breite (Mittelwasserstand),
b) Anpflanzungen auf öffentlichen Verkehrsflächen,
c) Anpflanzungen, die hinter einer geschlossenen Einfriedigung vorgenommen werden und diese nicht überragen; als geschlossen im Sinne dieser Vorschrift gilt auch eine Einfriedigung, deren Bauteile breiter sind als die Zwischenräume,
d) Windschutzstreifen und ähnliche, dem gleichen Zweck dienende Hecken und Baumbestände außerhalb von Waldungen,
e) Anpflanzungen, die bei Inkrafttreten dieses Gesetzes vorhanden sind und deren Abstand dem bisherigen Recht entspricht.
f) die in einem auf Grund des Landschaftsgesetzes erlassenen rechtsverbindlichen Landschaftsplan vorgesehenen Anpflanzungen von Flurgehölzen, Hecken, Schutzpflanzungen, Alleen, Baumgruppen und Einzelbäumen.

(2) § 40 Abs. 1 Buchstabe a) Nr. 1 und 2 gilt nicht, soweit gemäß dem Forstrecht nach gemeinsamen Betriebsplänen unabhängig von den Eigentumsgrenzen gewirtschaftet wird.

(3) Wird für die in Absatz 1 Buchstabe e) genannten Anpflanzungen eine Ersatzpflanzung vorgenommen, so gelten die §§ 40 bis 44 und 46.

(4) Absätze 1 und 2 gelten auch für Bewuchs, der durch Aussamung oder Auswuchs entstanden ist.

§ 46 Berechnung des Abstandes

Der Abstand wird von der Mitte des Baumstammes, des Strauches oder des Rebstocks waagerecht und rechtwinklig zur Grenze gemessen, und zwar an der Stelle, an der der Baum, der Strauch oder der Rebstock aus dem Boden austritt. Bei Hecken ist von der Seitenfläche aus zu messen.

§ 47 Ausschluss des Beseitigungsanspruches

(1) Der Anspruch auf Beseitigung einer Anpflanzung, mit der ein geringerer als der in den §§ 40 bis 44 und 46 vorgeschriebene Abstand eingehalten wird, ist ausgeschlossen, wenn der Nachbar nicht binnen sechs Jahren nach dem Anpflanzen Klage auf Beseitigung erhoben hat; diese Frist beginnt frühestens mit dem Inkrafttreten dieses Gesetzes. Ist die Anpflanzung in diesem Zeitpunkt seit mindestens 5 Jahren vorhanden und entspricht deren Abstand auch nicht dem bisherigen Recht, so kann die Klage auf Beseitigung nur noch innerhalb eines Jahres nach dem Inkrafttreten dieses Gesetzes erhoben werden.
(2) § 45 Abs. 3 und 4 gilt entsprechend.

§ 48 Nachträgliche Grenzänderungen

Die Rechtmäßigkeit des Abstandes wird durch nachträgliche Grenzänderungen nicht berührt; jedoch gilt § 45 Abs. 3 und 4 entsprechend.

Rheinland-Pfalz

Nachbarrechtsgesetz für Rheinland-Pfalz

vom 15. Juni 1970 (GVBl. S. 198)
in der Fassung des Gesetzes
vom 21. 7. 2003 (GVBl. S. 209)

§ 44 Grenzabstände für Bäume, Sträucher und einzelne Rebstöcke

Eigentümer und Nutzungsberechtigte eines Grundstücks haben mit Bäumen, Sträuchern und einzelnen Rebstöcken von den Nachbargrundstücken – vorbehaltlich des § 46 – folgende Abstände einzuhalten:

1. mit Bäumen (ausgenommen Obstbäume), und zwar
   a) sehr stark wachsenden Bäumen mit artgemäß ähnlicher Ausdehnung wie Bergahorn *(Acer pseudoplatanus)*, Sommerlinde *(Tilia platyphyllos)*, Pappelarten *(Populus)*, Platane *(Platanus acerifolia)*, Rosskastanie *(Aesculus hippocastanum)*, Stieleiche *(Quercus robur)*, ferner Douglasfichte *(Pseudotsuga taxifolia)*, Fichte *(Picea abies)*, Österreichische Schwarzkiefer *(Pinus nigra austriaca)*, Atlaszeder *(Cedrus atlantica)* .... 4 m
   b) stark wachsenden Bäumen mit artgemäß ähnlicher Ausdehnung wie Hainbuche *(Carpinus betulus)*, Vogelbeere *(Sorbus aucuparia)*, Weißbirke *(Betula pendula)*, Zierkirsche *(Prunus serrulata)*, Kiefer *(Pinus sylvestris)*, Lebensbaum *(Thuja occidentalis)* .... 2 m
   c) allen übrigen Bäumen ...... 1,5 m
2. mit Obstbäumen, und zwar
   a) Walnusssämlingen .... 4 m
   b) Kernobstbäumen, auf stark wachsenden Unterlagen veredelt, sowie Süßkirschenbäumen und veredelten Walnussbäumen ... 2 m
   c) Kernobstbäumen, auf schwach wachsenden Unterlagen veredelt, sowie Steinobstbäumen, ausgenommen Süßkirschenbäume .... 1,5 m
3. mit Sträuchern (ausgenommen Beerenobststräuchern), und zwar
   a) stark wachsenden Sträuchern mit artgemäß ähnlicher Ausdehnung wie Alpenrose (*Rhododendron*-Hybriden), Haselnuss *(Corylus avellana)*, Felsenmispel *(Cotoneaster bullatus)*, Flieder *(Syringa vulgaris)*, Goldglöckchen *(Forsythia intermedia)*, Wacholder *(Juniperus communis)* .... 1,0 m
   b) bei allen übrigen Sträuchern 0,5 m
4. mit Beerenobststräuchern, und zwar
   a) Brombeersträuchern .... 1,0 m
   b) allen übrigen Beerenobststräuchern .... 0,5 m
5. mit einzelnen Rebstöcken ..... 0,5 m
6. mit allen Baumschulbeständen .... 1,0 m

wobei die Gehölze mit Ausnahme der Baumschulbestände von Sträuchern und Beerenobststräuchern die Höhe von 2 m nicht überschreiten dürfen, es sei denn, dass die Abstände nach

Nummern 1 oder 2 eingehalten werden,
7. mit Weihnachtsbaumpflanzungen .... 1,0 m wobei die Gehölze die Höhe von 2 m nicht überschreiten dürfen, es sei denn, dass die Abstände nach Nummer 1 eingehalten werden.

§ 45 Grenzabstände für Hecken

(1) Der Eigentümer und der Nutzungsberechtigte eines Grundstücks haben mit Hecken gegenüber den Nachbargrundstücken – vorbehaltlich des § 46 – folgende Abstände einzuhalten:
1. mit Hecken bis zu 1,0 m Höhe .... 0,25 m
2. mit Hecken bis zu 1,5 m Höhe .... 0,50 m
3. mit Hecken bis zu 2,0 m Höhe .... 0,75 m
4. mit Hecken über 2,0 m Höhe einen um das Maß der Mehrhöhe größeren Abstand als ... 0,75 m

§ 46 Ausnahmen

(1) Die doppelten Abstände nach den §§ 44 und 45, in den Fällen des § 44 Nr. 1 a und Nr. 2 a jedoch die 1½fachen Abstände mit Ausnahme der Abstände für die Pappelarten *(Populus)* sind einzuhalten und gegenüber Grundstücken, die
1. dem Weinbau dienen,
2. landwirtschaftlich, erwerbsgärtnerisch oder kleingärtnerisch genutzt werden, sofern nicht durch Bebauungsplan eine andere Nutzung festgelegt ist oder durch Bebauungsplan dieser Nutzung vorbehalten sind.

(2) Die §§ 44 und 45 gelten nicht für
1. Anpflanzungen, die hinter einer undurchsichtigen Einfriedigung vorgenommen werden und diese nicht überragen,
2. Anpflanzungen an den Grenzen zu öffentlichen Grünflächen und zu Gewässern,
3. Anpflanzungen zum Schutze von erosions- oder rutschgefährdeten Böschungen oder steilen Hängen,
4. Anpflanzungen gegenüber Grundstücken außerhalb des geschlossenen Baugebietes, die geringwertiges Weideland (Hutung), oder Heide sind oder die landwirtschaftlich oder gartenbaulich nicht genutzt werden, nicht bebaut sind und auch nicht als Hofraum oder als Wirtschaftsweg dienen.

§ 47 Berechnung des Abstandes

Der Abstand wird von der Mitte des Baumstammes, des Strauches, der Hecke oder des Rebstocks bis zur Grenzlinie gemessen, und zwar an der Stelle, an der die Pflanze aus dem Boden austritt.

§ 48 Grenzabstände im Weinbau

(1) Der Eigentümer und der Nutzungsberechtigte eines dem Weinbau dienenden Grundstücks haben bei der Anpflanzung von Rebstöcken folgende Abstände von der Grundstücksgrenze einzuhalten:
1. gegenüber den parallel zu den Rebzeilen verlaufenden Grenzen die Hälfte des geringsten Zeilenabstandes, gemessen zwischen den Mittelli-

nien der Rebzeilen, mindestens aber 0,75 m,
2. gegenüber den sonstigen Grenzen, gerechnet vom äußersten Rebstock oder der äußersten Verankerung der Erziehungsvorrichtung an, mindestens 1 m.

(2) Absatz 1 gilt nicht für die Anpflanzung von Rebstöcken an Grundstücksgrenzen, die durch Stützmauern gebildet werden, sowie in den in § 46 Abs. 2 genannten Fällen.

§ 49 Grenzabstände für Wald

(1) Wird ein Wald neu begründet oder verjüngt, so sind gegenüber Nachbargrundstücken folgende Abstände einzuhalten:
1. gegenüber dem Weinbau dienenden Grundstücken .... 10 m
2. gegenüber öffentlichen Verkehrsflächen und Wirtschaftswegen ... 3 m
3. gegenüber sonstigen Grundstücken, die nicht mit Wald bepflanzt sind bei Neubegründung .... 6 m und bei Verjüngung .... 4 m
4. gegenüber Grundstücken, die mit Wald bepflanzt sind .... 2 m

(2) Absatz 1 gilt nicht gegenüber Grundstücken im Sinne von § 46 Absatz 2 Nr. 3 und 4.

(3) Der nach Absatz 1 freizuhaltende Streifen kann mit Laubgehölzen bepflanzt werden, deren natürlicher Wuchs bei einem Grenzabstand bis zu 3 m die Höhe von 6 m und bei einem Grenzabstand bis zu 1 m die Höhe von 2 m nicht überschreitet.

§ 50 Abstände von Spaliervorrichtungen und Pergolen

(1) Mit Spaliervorrichtungen und Pergolen, die eine flächenmäßige Ausdehnung der Pflanzen bezwecken und die nicht höher als 2 m sind, ist ein Abstand von 0,50 m und, wenn sie höher als 2 m sind, ein um das Maß der Mehrhöhe größerer Abstand von der Grenze einzuhalten.

(2) Absatz 1 gilt nicht in den in § 46 Abs. 2 genannten Fällen.

§ 51 Anspruch auf Beseitigung oder Zurückschneiden

(1) Einzelne Bäume, Sträucher, Rebstöcke sowie Spaliervorrichtungen und Pergolen, die den vorgeschriebenen Grenzabstand nicht einhalten, sind auf Verlangen des Nachbarn zu beseitigen. Das gilt auch für Hecken mit einem geringeren Grenzabstand als 0,25 m.

(2) Hecken, die die aufgrund ihres Abstandes zum Nachbargrundstück zulässige Höhe überschreiten, sind auf Verlangen des Nachbarn zurückzuschneiden. Die Verpflichtung zum Zurückschneiden muss nur in der Zeit vom 1. Oktober bis zum 15. März erfüllt werden.

(3) Der Anspruch aus Absatz 1 ist ausgeschlossen, wenn der Nachbar nicht bis zum Ablauf des fünften auf das Anpflanzen oder die Errichtung folgenden Kalenderjahres Klage auf Beseitigung erhoben hat. Bei Bäumen, Sträuchern und Rebstücken, die zunächst als Heckenbestandteil gezogen wurden, beginnt die Frist zu dem Zeitpunkt, zu

dem die Anpflanzung das Erscheinungsbild einer Hecke verliert.
(4) Für den Anspruch aus Absatz 2 gilt Absatz 3 Satz 1 entsprechend, mit der Maßgabe, dass die Frist zu dem Zeitpunkt beginnt, zu dem die Höhe der Hecke das nach diesem Gesetz zulässige Maß überschreitet.
(5) Die Absätze 3 und 4 gelten nicht für Anpflanzungen und Anlagen an der Grenze eines Wirtschaftsweges.
(6) Werden die in den Absätzen 1 und 2 genannten Anpflanzungen und Anlagen ersetzt, so gelten die §§ 44 bis 50.

§ 52 Nachträgliche Grenzänderungen

Die Rechtmäßigkeit des Abstandes einer Anpflanzung oder Anlage wird durch nachträgliche Grenzänderungen nicht berührt; § 51 Abs. 6 ist entsprechend anzuwenden.

Saarland

Saarländisches Nachbarrechtsgesetz

vom 28. Februar 1973
(Amtsblatt S. 210)
zuletzt geändert durch Artikel 3
Abs. 23 Bau-NeuordnungsG
vom 18. 2. 2004 (Amtsblatt S. 822)

Zwölfter Abschnitt
Grenzabstände für Pflanzen

§ 48 Grenzabstände für Bäume, Sträucher und einzelne Rebstöcke

Eigentümer und Nutzungsberechtigte eines Grundstücks haben mit Bäumen, Sträuchern und einzelnen Rebstöcken von den Nachbargrundstücken – vorbehaltlich des § 50 – folgende Abstände einzuhalten:

1. mit Bäumen (ausgenommen Obstbäume), und zwar
   a) sehr stark wachsenden Bäumen mit artgemäß ähnlicher Ausdehnung wie Bergahorn *(Acer pseudoplatanus)*, Sommerlinde *(Tilia platyphyllos)*, Pappelarten *(Populus)*, Platane *(Platanus acerifolia)*, Rosskastanie *(Aesculus hippocastanum)*, Stieleiche *(Quercus robur)*, ferner Douglasfichte *(Pseudotsuga taxifolia)*, Fichte *(Picea abies)*, Österreichische Schwarzkiefer *(Pinus nigra austriaca)*, Atlaszeder *(Cedrus atlantica)* .... 4 m
   b) stark wachsenden Bäumen mit artgemäß ähnlicher Ausdehnung wie Hainbuche *(Carpinus betulus)*, Vogelbeere *(Sorbus aucuparia)*, Weißbirke *(Betula pendula)*, Zierkirsche *(Prunus serrulata)*, Kiefer *(Pinus sylvestris)*, Lebensbaum *(Thuja occidentalis)* .... 2 m
   c) allen übrigen Bäumen ...... 1,5 m
2. mit Obstbäumen, und zwar
   a) Walnusssämlingen .... 4 m
   b) Kernobstbäumen, auf stark wachsenden Unterlagen veredelt, sowie Süßkirschenbäumen und veredelten Walnussbäumen .... 2 m
   c) Kernobstbäumen, auf schwach wachsenden Unterlagen veredelt, sowie Steinobstbäumen, ausgenommen Süßkirschenbäume .... 1,5 m
3. mit Sträuchern (ausgenommen Beerenobststräuchern), und zwar
   a) stark wachsenden Sträuchern mit artgemäß ähnlicher Ausdehnung wie
   Alpenrose (*Rhododendron*-Hybriden), Haselnuss *(Corylus avellana)*, Felsenmispel *Cotoneaster bullatus)*, Flieder *(Syringa vulgaris)*, Goldglöckchen *(Forsythia intermedia)*, Wacholder *(Juniperus communis)* .... 1,0 m
   b) allen übrigen Sträuchern .... 0,5 m
4. mit Beerenobststräuchern, und zwar
   a) Brombeersträuchern .... 1,0 m
   b) allen übrigen Beerenobststräuchern .... 0,5 m
5. mit einzelnen Rebstöcken ..... 0,5 m
6. mit Baumschulbeständen ..... 1,0 m
   wobei die Gehölze mit Ausnahme der

Baumschulbestände von Sträuchern und Beerenobststräuchern die Höhe von 2 m nicht überschreiten dürfen, es sei denn, dass die Abstände nach Nummern 1 oder 2 eingehalten werden;

7. mit Weihnachtsbaumpflanzungen .... 1,0 m
   wobei die Gehölze die Höhe von 2 m nicht überschreiten dürfen, es sei denn, dass die Abstände nach Nummer 1 eingehalten werden.

§ 49 Grenzabstände für Hecken

(1) Der Eigentümer und der Nutzungsberechtigte eines Grundstücks haben mit Hecken gegenüber den Nachbargrundstücken – vorbehaltlich des § 50 – folgende Abstände einzuhalten:
1. mit Hecken über 1,5 m Höhe 0,75 m
2. mit Hecken bis zu 1,5 m Höhe 0,50 m
3. mit Hecken bis zu 1,0 m Höhe 0,25 m

(2) Hecken im Sinne des Absatzes 1 sind Schnitt- und Formhecken, und zwar auch dann, wenn sie im Einzelfall nicht geschnitten werden.

§ 50 Ausnahmen

(1) Die doppelten Abstände nach den §§ 48 und 49, in den Fällen des § 48 Nr. 1 a und Nr. 2 a jedoch die eineinhalbfachen Abstände mit Ausnahme der Abstände für die Pappelarten *(Populus)*, sind einzuhalten gegenüber Grundstücken, die
1. dem Weinbau dienen,
2. landwirtschaftlich, erwerbsgärtnerisch oder kleingärtnerisch genutzt werden, sofern nicht durch Bebauungsplan eine andere Nutzung festgelegt ist oder durch Bebauungsplan dieser Nutzung vorbehalten sind.

(2) Die §§ 48 und 49 gelten nicht für
1. Anpflanzungen, die hinter einer undurchsichtigen Einfriedung vorgenommen werden und diese nicht überragen,
2. Anpflanzungen, an den Grenzen zu öffentlichen Verkehrsflächen, zu öffentlichen Grünflächen und zu Gewässern,
3. Anpflanzungen zum Schutze von erosions- oder rutschgefährdeten Böschungen oder steilen Hängen,
4. Anpflanzungen gegenüber Grundstücken, die außerhalb eines im Zusammenhang bebauten Ortsteils liegen und nicht in einem Bebauungsplan als Bauland ausgewiesen sind, die geringwertiges Weideland (Hutung) oder Heide sind oder die landwirtschaftlich oder gartenbaulich nicht genutzt werden, nicht bebaut sind und auch nicht als Hofraum dienen.

§ 51 Berechnung des Abstandes

Der Abstand wird von der Mitte des Baumstammes, des Strauches, der Hecke oder des Rebstockes bis zur Grenzlinie gemessen, und zwar an der Stelle, an der die Pflanze aus dem Boden austritt.

§ 52 Grenzabstände im Weinbau

(1) Der Eigentümer und der Nutzungsberechtigte eines dem Weinbau dienenden Grundstücks haben bei der Anpflanzung von Rebstöcken folgende Abstände von der Grundstücksgrenze einzuhalten:

1. gegenüber den parallel zu den Rebzeilen verlaufenden Grenzen die Hälfte des geringsten Zeilenabstands, gemessen zwischen den Mittellinien der Rebzeilen, mindestens aber 0,75 m bei Zeilenbreiten bis zu 2 m und 1,40 m bei Zeilenbreiten von über 2 m,
2. gegenüber den sonstigen Grenzen, gerechnet vom äußersten Rebstock oder der äußersten Verankerung der Erziehungsvorrichtung an, mindestens 1 m.

(2) Absatz 1 gilt nicht für die Anpflanzung von Rebstöcken an Grundstücksgrenzen, die durch Stützmauern gebildet werden, sowie in den in § 50 Abs. 2 genannten Fällen.

§ 53 Grenzabstände für Wald

(1) Wird ein Wald neu begründet oder verjüngt, so sind gegenüber Nachbargrundstücken folgende Abstände einzuhalten:

1. gegenüber dem Weinbau dienenden Grundstücken ...... 10 m
2. gegenüber öffentlichen Verkehrsflächen und Wirtschaftswegen .... 3 m
3. gegenüber sonstigen Grundstücken, die nicht mit Wald bepflanzt sind,
   bei Neubegründung .... 6 m
   und bei Verjüngung .... 4 m
4. gegenüber Grundstücken, die mit Wald bepflanzt sind ..... 2 m

(2) Absatz 1 gilt nicht gegenüber Grundstücken im Sinne von § 50 Abs. 2 Nr. 3 und 4.

(3) Der nach Absatz 1 freizuhaltende Streifen kann mit Laubgehölzen bepflanzt werden, deren natürlicher Wuchs bei einem Grenzabstand bis zu 3 m die Höhe von 6 m und bei einem Grenzabstand bis zu 1 m die Höhe von 2 m nicht überschreitet.

§ 54 Abstände von Spaliervorrichtungen und Pergolen

(1) Mit Spaliervorrichtungen und Pergolen, die eine flächenmäßige Ausdehnung der Pflanzen bezwecken und die nicht höher als 2 m sind, ist ein Abstand von 0,50 m und, wenn sie höher als 2 m sind, ein um das Maß der Mehrhöhe größerer Abstand von der Grenze einzuhalten.

(2) Absatz 1 gilt nicht in den in § 50 Abs. 2 genannten Fällen.

§ 55 Ausschluss des Beseitigungsanspruchs

(1) Der Anspruch auf Beseitigung von Anpflanzungen, Spaliervorrichtungen und Pergolen, die geringere als die in den §§ 48 bis 54 vorgeschriebenen Abstände einhalten, ist ausgeschlossen, wenn der Nachbar nicht innerhalb von fünf Jahren nach dem Anpflanzen oder der Herstellung Klage auf Beseitigung erhoben hat. Dies gilt nicht für Anpflanzungen an der Grenze eines Wirtschaftsweges.

(2) Werden für die in Absatz 1 genannten Anpflanzungen Ersatzpflanzungen vorgenommen, so gelten die §§ 48 bis 54.

§ 56 Nachträgliche Grenzänderungen

Die Rechtmäßigkeit des Abstandes einer Anpflanzung wird durch nachträgliche Grenzänderungen nicht berührt; § 55 Abs. 2 ist entsprechend anzuwenden.

Sachsen

Sächsisches Nachbarrechtsgesetz (SächsNRG)

vom 11. November 1997
(SächsGVBl. S. 582)

Erster Abschnitt
Allgemeine Bestimmungen

§ 1 Nachbar und Eigentümer

(1) Nachbar im Sinne des Gesetzes ist der Eigentümer eines Grundstücks, das zu dem Grundstück des verpflichteten Eigentümers in einem engen örtlichen Zusammenhang steht. Eigentümer im Sinne der folgenden Vorschriften ist der verpflichtete Eigentümer eines Grundstücks.
(2) An die Stelle des Eigentümers oder Nachbarn treten
1. der Erbbauberechtigte im Fall der Belastung des Grundstücks mit einem Erbbaurecht und
2. der Nutzer aufgrund eines in die Sachenrechtsbereinigung nach dem Gesetz zur Änderung sachenrechtlicher Bestimmungen (Sachenrechtsänderungsgesetz – SachenRÄndG) vom 21. September 1994 (BGBl. I S. 2457) einbezogenen Rechtsverhältnisses.

§ 2 Nachbarliche Rücksicht

Rechte aus diesem Gesetz dürfen nur unter Rücksichtnahme auf die berechtigten Interessen des Eigentümers oder Nachbarn ausgeübt werden. Sie dürfen nicht zur Unzeit geltend gemacht werden.

§ 3 Verhältnis zu anderen Vorschriften

Die §§ 4 bis 30 gelten nur, soweit der Eigentümer und der Nachbar keine von diesen Bestimmungen abweichenden Vereinbarungen treffen und öffentlichrechtliche Vorschriften nicht entgegenstehen. Vereinbarungen binden den Rechtsnachfolger nur im Falle der Gesamtrechtsnachfolge oder soweit die sich aus ihnen ergebenden Rechte im Grundbuch eingetragen sind.

Dritter Abschnitt
Grenzabstände für Pflanzen

§ 9 Grenzabstände für Bäume und Sträucher

(1) Der Nachbar kann vom Eigentümer verlangen, dass Bäume, Sträucher oder Hecken innerhalb eines im Zusammenhang bebauten Ortsteils mindestens 0,5 m oder, falls sie über 2 m hoch sind, mindestens 2 m von der Grundstücksgrenze des Nachbarn entfernt sind.
(2) Außerhalb eines im Zusammenhang bebauten Ortsteils genügt ein Grenzabstand von 1 m für alle Anpflanzungen.
(3) § 25 des Waldgesetzes für den Freistaat Sachsen (SächsWaldG) vom 10. April 1992 (SächsGVBl. S. 137) bleibt unberührt.

§ 10 Grenzabstand zu landwirtschaftlichen Grundstücken

Ist das Grundstück des Nachbarn landwirtschaftlich genutzt, ist zu diesem mindestens ein Abstand von 0,75 m oder, falls die Sträucher oder Hecken über 2 m hoch sind, ein Abstand von mindestens 3 m einzuhalten, wenn der Schattenwurf die wirtschaftliche Bestimmung des Grundstücks erheblich beeinträchtigen würde.

§ 11 Grenzabstände im Weinbau

(1) Der Nachbar kann vom Eigentümer eines dem Weinbau dienenden Grundstücks bei der Anpflanzung von Rebstöcken die Beachtung folgender Abstände von der Grenze seines Grundstücks verlangen:

1. gegenüber den parallel zu den Rebzeilen verlaufenden Grenzen die Hälfte des geringsten Zeilenabstandes, gemessen zwischen den Mittellinien der Rebzeilen, mindestens aber 0,75 m.
2. gegenüber den sonstigen Grenzen, gerechnet vom äußersten Rebstock oder der äußersten Verankerung der Erziehungsvorrichtung an, mindestens 1 m.

(2) Abs. 1 gilt nicht für die Anpflanzung von Rebstöcken an Grundstücksgrenzen, die durch Stützmauern gebildet werden.

§ 12 Ausnahmen

Die §§ 9 bis 11 gelten nicht für

1. Anpflanzungen an den Grenzen zu dem Gemeingebrauch dienenden Flächen,
2. Anpflanzungen im öffentlichen Straßenraum und an Uferböschungen,
3. Anpflanzungen hinter einer Wand oder einer undurchsichtigen Einfriedung, wenn sie diese nicht überragen.

§ 13 Bestimmung des Abstandes

Abstand nach diesem Abschnitt ist die kürzeste waagerechte Entfernung zwischen der Grenze und der Mitte des Baumstammes, des Strauches oder der Hecke an der Stelle, an der die Pflanze aus dem Boden austritt.

§ 14 Anspruch auf Beseitigung

(1) Der Nachbar kann verlangen, dass Bäume, Sträucher oder Hecken, die über die nach §§ 9 oder 10 zulässigen Höhen hinauswachsen, nach Wahl des Eigentümers zurückgeschnitten oder beseitigt werden.
(2) Der Eigentümer braucht das Zurückschneiden und die Beseitigung von Pflanzen nicht in der Zeit vom 1. März bis zum 30. September vorzunehmen.

§ 15 Ausschluss des Anspruchs auf Beseitigung

Der Anspruch aus § 14 Abs. 1 ist ausgeschlossen, wenn die Bäume, Sträucher und Hecken über die nach §§ 9 oder 10 zulässige Höhe hinauswachsen und der Nachbar seinen Anspruch nicht spätestens im fünften darauf folgenden Kalenderjahr gerichtlich geltend macht.

§ 16 Bestandsschutz

Die Rechtmäßigkeit des Grenzabstandes von Bäumen, Sträuchern, Hecken und Rebstöcken wird durch nachträgliche Grundstücksteilungen, rechtmäßige Änderungen der Grundstücksgrenze oder Grenzfeststellungen nicht berührt. Sie richtet sich bei nachträglichen Grenzfeststellungen nach dem bisher angenommenen Grenzverlauf.

§ 30 Ausschlussfristen

Die Ausschlussfristen nach §§ 8 und 15 beginnen frühestens an dem Tage des Inkrafttretens dieses Gesetzes. Beginn und Ablauf von Ausschlussfristen nach diesem Gesetz muss ein Rechtsnachfolger gegen sich gelten lassen.

§ 31 Verjährung

(1) Für die Verjährung der Ansprüche auf Schadensersatz nach diesem Gesetz gilt § 852 BGB entsprechend.
(2) Andere Ansprüche nach diesem Gesetz, die auf Zahlung von Geld gerichtet sind, verjähren in vier Jahren.
(3) §§ 198 bis 225 BGB sind anzuwenden.

Achter Abschnitt
Schlussbestimmungen

§ 32 Übergangsbestimmungen

(1) Einrichtungen und Pflanzen, die bei Inkrafttreten dieses Gesetzes dem bisherigen Recht entsprechen, sind nach Maßgabe des bisherigen Rechts weiter zu dulden.
(2) Nach diesem Gesetz können Ansprüche im Hinblick auf Einrichtungen und Pflanzen, die bei Inkrafttreten dieses Gesetzes dem bisherigen Recht nicht entsprochen haben, aber bis zum 2. Oktober 1990 von staatlichen Stellen geduldet wurden, nicht vor Ablauf von zwei Jahren ab Inkrafttreten geltend gemacht werden, es sei denn, dem Eigentümer war im Zeitpunkt der Errichtung die Rechtslage bekannt.

§ 33 Außer-Kraft-Treten von Bestimmungen

Soweit privates Nachbarrecht über den 2. Oktober 1990 hinaus als Landesrecht fortgegolten hat, wird dieses hiermit aufgehoben.

§ 34 Inkrafttreten

Dieses Gesetz tritt am 1. Januar 1998 in Kraft.

Sachsen-Anhalt

Nachbarschaftsgesetz (NbG)

vom 13. November 1997
(GVBl. S. 958)
zuletzt geändert durch Anl. Nr. 380 Viertes RechtsbereinigungsG v. 19. 3. 2002 (GVBl. LSA S. 130)

Erster Abschnitt
Allgemeine Vorschriften

§ 1 Grundsätze

(1) Die nachbarschaftlichen Rechtsbeziehungen im räumlichen Einwirkungsbereich der Grundstücksbenutzungen bestimmen sich nach dem Bürgerlichen Gesetzbuch und nach diesem Gesetz.
(2) Nachbar oder Nachbarin im Sinne dieses Gesetzes ist
1. der Eigentümer oder die Eigentümerin eines Grundstücks,
2. im Falle der Belastung des Grundstücks mit einem Erbbaurecht statt dessen der oder die Erbbauberechtigte,
3. der Inhaber oder die Inhaberin eines fortbestehenden selbstständigen Gebäudeeigentums oder dinglichen Nutzungsrechts nach Artikel 233 § 4 Abs. 1 des Einführungsgesetzes zum Bürgerlichen Gesetzbuch.

(3) Soweit dies besonders bestimmt ist, gelten Rechte und Pflichten nach diesem Gesetz auch für diejenigen, die ein fremdes Grundstück auf Grund sonstiger Berechtigung ganz oder teilweise besitzen und in ihrem Besitz berührt sind.

§ 2 Anwendungsbereich

(1) Die §§ 5 bis 43 dieses Gesetzes gelten nur, soweit die Beteiligten keine von diesen Vorschriften abweichenden Vereinbarungen treffen oder zwingende öffentlich-rechtliche Vorschriften oder bestandskräftige Verwaltungsakte nicht entgegenstehen.
(2) Ist in diesem Gesetz die Schriftform vorgesehen, darf davon nicht abgewichen werden.

§ 3 Anzeige von Vorhaben, Einwendungen

(1) Ist nach diesem Gesetz ein Vorhaben anzuzeigen, so ist die Anzeige an den Nachbarn oder die Nachbarin und an den unmittelbaren Besitzer oder die unmittelbare Besitzerin des Grundstücks zu richten. Die Anzeige an den unmittelbaren Besitzer oder die unmittelbare Besitzerin genügt, wenn der Aufenthalt des Nachbarn oder der Nachbarin nur unter unverhältnismäßigen Schwierigkeiten feststellbar ist oder die Anzeige im Ausland erfolgen müsste und im Inland niemand zum Empfang von Erklärungen bevollmächtigt ist.
(2) Soweit nichts anderes bestimmt ist, ist das Vorhaben schriftlich unter Mitteilung der näheren Einzelheiten seines Inhalts und seiner Durchführung spätestens acht Wochen vor Beginn der Bauarbeiten oder sonstigen Maßnahmen anzuzeigen. Einwendungen gegen das Vorhaben sind unverzüglich zu erheben.

Mit den Bauarbeiten oder sonstigen Maßnahmen darf vor Fristablauf nur begonnen werden, wenn sich der Nachbar oder die Nachbarin und der unmittelbare Besitzer oder die unmittelbare Besitzerin mit dem früheren Beginn einverstanden erklärt haben.

§ 4 Verjährung

(1) Ansprüche auf Schadensersatz nach diesem Gesetz verjähren in drei Jahren von dem Zeitpunkt an, in welchem der oder die Verletzte von dem Schaden und der ersatzpflichtigen Person Kenntnis erlangt oder hätte erlangen können, im übrigen ohne Rücksicht auf diese Kenntnis in 30 Jahren von der Vornahme der schädigenden Handlung an.
(2) Andere auf Zahlung von Geld gerichtete Ansprüche nach diesem Gesetz verjähren in drei Jahren, beginnend mit dem Schluss des Kalenderjahres, in welchem der Anspruch entsteht.
(3) Die §§ 198 bis 225 des Bürgerlichen Gesetzbuches gelten entsprechend.
(4) Im übrigen unterliegen die Ansprüche nach diesem Gesetz nicht der Verjährung.

Zehnter Abschnitt
Grenzabstände für Pflanzen

§ 34 Grenzabstände für Bäume, Sträucher und einzelne Rebstöcke

(1) Mit Bäumen, Sträuchern und einzelnen Rebstöcken sind je nach ihrer Höhe mindestens folgende Abstände von den benachbarten Grundstücken einzuhalten:
a) bis zu 1,50 m Höhe: .... 0,50 m
b) bis zu 3 m Höhe: .... 1 m
c) bis zu 5 m Höhe: .... 1,25 m
d) bis zu 15 m Höhe: .... 3 m
e) über 15 m Höhe: .... 6 m.
(2) Die in Abs. 1 bestimmten Abstände gelten auch für Hecken, falls die Hecke nicht gemäß § 24 Abs. 3 auf der Grenze gepflanzt wird. Sie gelten auch für ohne menschliches Zutun gewachsene Pflanzen.
(3) An Grenzen zu landwirtschaftlich genutzten Grundstücken ist ein Streifen von 0,5 Meter von Anpflanzungen freizuhalten. Dies gilt nicht gegenüber Grundstücken, für die nach Lage, Größe oder sonstiger Beschaffenheit eine den Grenzabstand erfordernde Art der Bodenbearbeitung nicht in Betracht kommt.

§ 35 Ausnahmen

(1) § 34 gilt nicht für
1. Anpflanzungen hinter einer Wand oder einer undurchsichtigen Einfriedung, wenn sie diese nicht oder nicht erheblich überragen,
2. Anpflanzungen an den Grenzen zu öffentlichen Verkehrsflächen, zu öffentlichen Grünflächen und Gewässern,
3. Anpflanzungen auf öffentlichen Straßen und auf Uferböschungen.
(2) Außerhalb der im Zusammenhang bebauten Ortsteile genügt ein Grenzabstand von 1 Meter für alle Anpflanzungen. § 38 bleibt unberührt.

§ 36 Berechnung des Abstandes

Der Abstand wird in der gedachten Waagerechten von der Mitte des Baumstammes, des Strauches, der Hecke oder des Rebstocks bis zur Grenze gemessen, und zwar an der Stelle, an der die Pflanze aus dem Boden austritt.

§ 37 Grenzabstände im Weinbau

(1) Bei der Anpflanzung von Rebstöcken auf einem dem Weinbau dienenden Grundstück sind folgende Abstände von der Grundstücksgrenze einzuhalten:
1. gegenüber den parallel zu den Rebzeilen verlaufenden Grenzen die Hälfte des geringsten Zeilenabstandes, gemessen zwischen den Mittellinien der Rebzeilen, mindestens aber 0,75 Meter;
2. gegenüber den sonstigen Grenzen, gerechnet vom äußersten Rebstock oder der äußersten Verankerung der Erziehungsvorrichtung an, mindestens 1 Meter.

(2) Abs. 1 gilt nicht für die Anpflanzung von Rebstöcken an Grundstücksgrenzen, die durch Stützmauern gebildet werden, sowie in den in § 35 Abs. 1 genannten Fällen.

§ 38 Grenzabstände für Wald

(1) Mit Wald sind von den benachbarten Grundstücken mit Ausnahme von Ödland, öffentlichen Verkehrsflächen, öffentlichen Grünflächen, Gewässern und anderem Wald folgende Abstände einzuhalten:
1. mit Gehölzen, die erfahrungsgemäß bis zu 2 Meter Höhe erreichen können, 1 Meter,
2. mit Gehölzen, die erfahrungsgemäß bis zu 4 Meter Höhe erreichen können, 2 Meter,
3. mit Gehölzen, die erfahrungsgemäß über 4 Meter Höhe erreichen können, 8 Meter.

(2) § 36 ist entsprechend anzuwenden.

§ 39 Beseitigung, Zurückschneiden

(1) Der Nachbar oder die Nachbarin und der unmittelbare Besitzer oder die unmittelbare Besitzerin können die Beseitigung oder das Zurückschneiden einer Anpflanzung verlangen, die den vorgeschriebenen Mindestabstand nicht einhält. Beseitigung kann nicht verlangt werden, wenn die Anpflanzung zurückgeschnitten und auf diese Weise ein den Vorschriften dieses Gesetzes entsprechender Zustand hergestellt werden kann; in diesem Fall kann nur verlangt werden, die Anpflanzung zurückzuschneiden.

(2) Das Beseitigen oder Zurückschneiden kann nur verlangt werden, soweit zwingende naturschutzrechtliche Vorschriften nicht entgegenstehen. In der Zeit vom 1. März bis zum 30. September braucht nicht zurückgeschnitten zu werden.

§ 40 Ausschluss des Anspruchs auf Beseitigung und auf Zurückschneiden

(1) Der Anspruch nach diesem Gesetz auf Beseitigung von Anpflanzungen, die

die vorgeschriebenen Mindestabstände nicht einhalten, ist ausgeschlossen, wenn nicht bis zum Ablauf des fünften Kalenderjahres, das auf das Jahr folgt, in dem die Anpflanzungen die nach diesem Gesetz zulässige Höhe ununterbrochen überschritten haben, Klage auf Beseitigung erhoben worden ist.
(2) Der Anspruch auf Zurückschneiden von Anpflanzungen ist ausgeschlossen, wenn die Anpflanzungen über die nach diesem Gesetz zulässige Höhe hinauswachsen und nicht spätestens bis zum Ablauf des zehnten auf die ununterbrochene Überschreitung folgenden Kalenderjahres Klage auf Zurückschneiden erhoben worden ist.

§ 41 Ersatzanpflanzungen

Werden für Anpflanzungen, bei denen der Anspruch auf Beseitigung nach § 40 Abs. 1 ausgeschlossen ist, Ersatzanpflanzungen oder Nachpflanzungen vorgenommen, so sind die nach diesem Gesetz vorgeschriebenen Abstände einzuhalten. Jedoch dürfen in geschlossenen Anlagen einzelne Bäume, Sträucher oder Rebstöcke und in einer geschlossenen Hecke einzelne abgestorbene Heckenpflanzen nachgepflanzt werden und zur Höhe der übrigen heranwachsen.

§ 42 Nachträgliche Änderungen

(1) Die Rechtmäßigkeit des Abstandes und der Höhe einer Anpflanzung wird durch nachträgliche Grundstücksteilungen oder Grenzfeststellungen nicht berührt; jedoch gilt § 41 entsprechend:
(2) Bei Änderungen der Nutzungsart eines Grundstücks gilt Abs. 1 entsprechend.

Elfter Abschnitt
Schlussvorschriften

§ 43 Übergangsvorschriften und Bestandsschutz

(1) Der Umfang von Rechten, die bei Inkrafttreten dieses Gesetzes auf Grund des bisherigen Rechts bestehen, richtet sich nach den Vorschriften dieses Gesetzes.
(2) Vor Inkrafttreten dieses Gesetzes errichtete Wände sind Nachbarwände im Sinne dieses Gesetzes, wenn sie den Voraussetzungen des § 5 Abs. 1 entsprechen und der Nachbar oder die Nachbarin ihrer Errichtung zugestimmt hat.
(3) Der Anspruch auf Beseitigung von Einfriedungen und Anpflanzungen, die bei Inkrafttreten dieses Gesetzes vorhanden sind und den Vorschriften dieses Gesetzes nicht entsprechen, ist ausgeschlossen, wenn sie mit dem bisherigen Recht vereinbar sind. Für Wald ist auch der Anspruch auf Zurückschneiden ausgeschlossen.
(4) Ansprüche auf Zahlung von Geld auf Grund der Vorschriften dieses Gesetzes bestehen nur, wenn das den Anspruch begründende Ereignis nach Inkrafttreten dieses Gesetzes eingetreten ist; andernfalls behält es bei dem bisherigen Recht sein Bewenden.

§ 44 Außerkrafttreten von Vorschriften

Das diesem Gesetz entgegenstehende oder gleichlautende Recht wird aufgehoben. Insbesondere treten folgende Vorschriften außer Kraft, soweit sie als Landesrecht fortgelten:

1. das Zivilgesetzbuch der Deutschen Demokratischen Republik in der Fassung vom 1. Januar 1997 (GVBl. LSA S. 2, 141),
2. das Einführungsgesetz zum Zivilgesetzbuch der Deutschen Demokratischen Republik in der Fassung vom 1. Januar 1997 (GVBl. LSA S. 2, 143).

§ 45 Inkrafttreten

Dieses Gesetz tritt am 1. Januar 1998 in Kraft.

Schleswig-Holstein

Nachbarrechtsgesetz für das Land Schleswig-Holstein

vom 24. Februar 1971
in der Fassung vom 16. 4. 1973
(GVOBl. S. 122)
und vom 19. 11. 1982
(GVOBl. S. 256)
und Art. 4 Verjährungsrechts-anpassungsgesetz vom 15. 2. 05
(GVOBl. Schl.-H. S. 168).

§ 37 Grenzabstände

(1) Der Eigentümer und der Nutzungsberechtigte eines Grundstücks haben mit Bäumen, Sträuchern und Hecken (Anpflanzungen) von über 1,20 m Höhe einen solchen Abstand zum Nachbargrundstück einzuhalten, dass für jeden Teil der Anpflanzung der Abstand mindestens ein Drittel seiner Höhe über dem Erdboden beträgt. Der Abstand wird waagerecht und rechtwinklig zur Grenze gemessen.
(2) Anpflanzungen, die über die zulässige Höhe oder den zulässigen Abstand hinausgewachsen sind, sind auf Verlangen des Eigentümers des Nachbargrundstücks auf die zulässige Höhe oder den zulässigen Abstand zurückzuschneiden, wenn der Eigentümer oder der Nutzungsberechtigte sie nicht beseitigen will. Die Verpflichtung nach Satz 1 darf nur unter Beachtung der nach § 24 Abs. 3 des Landschaftspflegegesetzes bestehenden Beschränkungen erfüllt werden.

§ 38 Boden- und Klimaschutzpflanzung

(1) Mit Anpflanzungen zum Schutz landwirtschaftlich oder erwerbsgärtnerisch genutzter Grundstücke vor Witterungseinwirkungen (Boden und Klimaschutzpflanzungen), die nicht über 7 m hoch sind, braucht der in § 37 Abs. 1 vorgeschriebene Grenzabstand nicht eingehalten zu werden. Wird die Höhe von 7 m überschritten, so gilt § 37 Abs. 2 entsprechend.
(2) Der Eigentümer und der Nutzungsberechtigte eines landwirtschaftlich oder erwerbsgärtnerisch genutzten oder eines ungenutzten Grundstücks müssen überhängende Zweige und eindringendes Wurzelwerk von Boden- und Klimaschutzpflanzungen, von denen keine erheblichen Beeinträchtigungen ausgehen, dulden.

§ 39 Ausnahmen

§ 37 gilt nicht für
1. Wald; bei Erst- und Wiederaufforstung jedoch nur nach Maßgabe des § 18 Abs. 3 Landeswaldgesetz;
2. Anpflanzungen, die hinter einer geschlossenen Einfriedigung vorgenommen werden und diese nicht überragen; als geschlossen gilt auch eine Einfriedigung, deren Bauteile breiter sind als die Zwischenräume;
3. Anpflanzungen auf öffentlichen Verkehrsflächen;
4. Anpflanzungen an den Grenzen zu

öffentlichen Verkehrsflächen, zu öffentlichen Grünflächen und zu oberirdischen Gewässern von mehr als 4 m Breite;

5. Hecken, die nach § 30 Abs. 1 auf der Grenze angepflanzt werden oder die das öffentliche Recht als Einfriedigung vorschreibt.

§ 40 Ausschluss des Anspruchs auf Zurückschneiden

(1) Der Anspruch auf Zurückschneiden von Anpflanzungen ist ausgeschlossen, wenn die Anpflanzungen über die nach diesem Gesetz zulässige Höhe oder den nach diesem Gesetz zulässigen Abstand hinausgewachsen sind und nicht bis zum Ablauf des zweiten darauf folgenden Kalenderjahres Klage auf Zurückschneiden erhoben worden ist.

(2) Der Anspruch auf Zurückschneiden von Anpflanzungen, die bei Inkrafttreten dieses Gesetzes vorhanden sind, ist ausgeschlossen, wenn

1. ihr Grenzabstand dem bisherigen Recht entspricht, es sei denn, dass die Anpflanzungen noch nicht älter als fünf Jahre sind, oder
2. ihr Grenzabstand nicht dem bisherigen Recht entspricht

und nicht bis zum Ablauf des zweiten auf das Inkrafttreten dieses Gesetzes folgenden Kalenderjahres Klage auf Zurückschneiden erhoben worden ist.

§ 41 Ersatzanpflanzungen und Grenzänderungen

(1) Werden für Anpflanzungen, bei denen der Anspruch auf Zurückschneiden nach § 40 ausgeschlossen ist, Ersatzanpflanzungen oder Nachpflanzungen vorgenommen, so sind die nach diesem Gesetz vorgeschriebenen Abstände einzuhalten.

(2) Unter Einhaltung des bisherigen Abstandes dürfen

1. einzelne abgestorbene Heckenpflanzen einer geschlossenen Hecke ersetzt werden,
2. einzelne Sträucher und Bäume in einem Knick nachgepflanzt werden,
3. Ersatzpflanzungen für beseitigte Knicks vorgenommen werden.

(3) Die Rechtmäßigkeit des Abstandes wird durch nachträgliche Grenzänderungen nicht berührt, jedoch gilt Absatz 1 und 2 entsprechend.

Thüringen

Thüringer Nachbarrechtsgesetz

vom 22. Dezember 1992
(GVBl. S. 599)
in der Fassung des Gesetzes
vom 9. 3. 06 (GVBl. S. 53)

Elfter Abschnitt
Grenzabstände für Pflanzen

§ 44 Grenzabstände für Bäume, Sträucher und einzelne Rebstöcke

Eigentümer und Nutzungsberechtigte eines Grundstücks haben mit Bäumen, Sträuchern und einzelnen Rebstöcken von den Nachbargrundstücken vorbehaltlich des § 46 folgende Abstände einzuhalten:

1. mit Bäumen (ausgenommen Obstbäume gemäß Nr. 2), und zwar
   a) sehr stark wachsenden Bäumen mit artgemäß ähnlicher Ausdehnung wie Bergahorn *(Acer pseudoplatanus)*, sämtliche Lindenarten *(Tilia)*, Pappelarten *(Populus)*, Platane *(Platanus acerifolia)*, Rosskastanie *(Aesculus hippocastanum)*, Rotbuche *(Fagus sylvatica)*, Stieleiche *(Quercus robur)*, ferner Douglasie *(Pseudotsuga menziesii)*, Fichte *(Picea abies)*, österreichische Schwarzkiefer *(Pinus nigra austriaca)*, Kiefer *(Pinus sylvestris)*, Esche *(Fraxinus excelsior)*, sämtliche Tannenarten *(Abies spec.)*, Atlaszeder *(Cedrus atlantica)* . . . . 4 m
   b) stark wachsenden Bäumen mit artgemäß ähnlicher Ausdehnung wie Hainbuche *(Carpinus betulus)*, Mehlbeere *(Sorbus intermedia)*, Vogelbeere *(Sorbus aucuparia)*, Weißbirke *(Betula pendula)*, Weißerle *(Alnus incana)*, Zierkirsche *(Prunus serrulata)*, Lebensbaum *(Thuja occidentalis)* . . . . 2 m
   c) allen übrigen Bäumen . . . . . . 1,5 m
2. mit Obstbäumen, und zwar
   a) Walnusssämlingen . . . . 4 m
   b) Kernobstbäumen, auf stark wachsenden Unterlagen veredelt, sowie Süßkirschenbäumen und veredelten Walnussbäumen . . . . 2 m
   c) Kernobstbäumen, auf schwach wachsenden Unterlagen veredelt, sowie Steinobstbäumen, ausgenommen Süßkirschenbäume . . . . 1,5 m
3. mit Sträuchern (ausgenommen Beerenobststräuchern), und zwar
   a) stark wachsenden Sträuchern mit artgemäß ähnlicher Ausdehnung wie Alpenrose (*Rhododendron*-Hybriden), Haselnuss *(Corylus avellana)*, Felsenmispel *(Cotoneaster bullatus)*, Flieder *(Syringa vulgaris)*, Goldglöckchen *(Forsythia intermedia)*, Wacholder *(Juniperus communis)* . . . . 1 m
   b) allen übrigen Sträuchern . . . . 0,5 m
4. mit Beerenobststräuchern, und zwar
   a) Brombeersträuchern . . . . 1 m
   b) allen übrigen Beerenobststräuchern . . . . .0,5 m
5. mit einzelnen Rebstöcken . . . . . 0,5 m
6. mit Baumschulbeständen . . . . 1 m

wobei die Gehölze mit Ausnahme der Baumschulbestände von Sträuchern und Beerenobststräuchern die Höhe von 2 m nicht überschreiten dürfen, es sei denn, dass die Abstände nach den Nummern 1 oder 2 eingehalten werden;
7. mit Weihnachtsbaumpflanzungen .... 1 m
wobei die Gehölze die Höhe von 2 m nicht überschreiten dürfen, es sei denn, dass die Abstände nach Nummer 1 eingehalten werden.

§ 45 Grenzabstände für Hecken

(1) Der Eigentümer und der Nutzungsberechtigte eines Grundstücks haben mit Hecken gebenüber den Nachbargrundstücken vorbehaltlich des § 46 folgende Abstände einzuhalten:
1. mit Hecken bis zu 1 m Höhe 0,25 m
2. mit Hecken bis zu 1,5 m Höhe 0,50 m
3. mit Hecken bis zu 2,0 m Höhe 0,75 m
4. mit über 2,0 m hohen Hecken ein um das Maß der Mehrhöhe größerer Abstand.

(2) Hecken im Sinne des Absatzes 1 sind Schnitt- und Formhecken, und zwar auch dann, wenn sie im Einzelfall nicht geschnitten werden.

§ 46 Ausnahmen

(1) Die doppelten Abstände nach den §§ 44 und 45, in den Fällen des § 44 Nr. 1 Buchst. a und Nr. 2 Buchst. a jedoch die eineinhalbfachen Abstände mit Ausnahme der Abstände für die Pappelarten *(Populus)*, sind einzuhalten gegenüber Grundstücken, die
1. dem Weinbau dienen oder
2. landwirtschaftlich, erwerbsgärtnerisch oder nach Art eines Kleingartens genutzt werden, sofern nicht durch Bebauungsplan eine andere Nutzung festgelegt ist, oder durch Bebauungsplan dieser Nutzung vorbehalten sind.

(2) Die §§ 44 und 45 gelten nicht für
1. Anpflanzungen, die hinter einer undurchsichtigen Einfriedigung vorgenommen werden und diese nicht überragen,
2. Anpflanzungen an den Grenzen zu öffentlichen Grünflächen und zu Gewässern,
3. Anpflanzungen zum Schutze von erosions- oder rutschgefährdeten Böschungen oder steilen Hängen,
4. Anpflanzungen gegenüber Grundstücken außerhalb des geschlossenen Baugebietes, die geringwertiges Weideland (Hutung) oder Heide sind oder die landwirtschaftlich oder gartenbaulich nicht genutzt werden, nicht bebaut sind und auch nicht als Hofraum dienen.

§ 47 Berechnung des Abstandes

Der Abstand wird von der Mitte des Baumstammes, des Strauches, der Hecke oder des Rebstocks bis zur Grenzlinie gemessen, und zwar an der Stelle, an der die Pflanze aus dem Boden austritt.

§ 48 Grenzabstände im Weinbau

(1) Der Eigentümer und der Nutzungsberechtigte eines dem Weinbau dienenden Grundstücks haben bei der An-

pflanzung von Rebstöcken folgende Abstände von der Grundstücksgrenze einzuhalten:

1. gegenüber den parallel zu den Rebzeilen verlaufenden Grenzen die Hälfte des geringsten Zeilenabstandes, gemessen zwischen den Mittellinien der Rebzeilen, mindestens aber 0,75 m bei Zeilenbreiten bis zu 2 m und 1,40 m bei Zeilenbreiten von über 2 m,
2. gegenüber den sonstigen Grenzen, gerechnet vom äußersten Rebstock oder der äußersten Verankerung der Erziehungsvorrichtung an, mindestens 1 m.

(2) Absatz 1 gilt nicht für die Anpflanzung von Rebstöcken an Grundstücksgrenzen, die durch Stützmauern gebildet werden, sowie in den in § 46 Abs. 2 genannten Fällen.

§ 49 Grenzabstände für Wald

(1) Wird ein Wald neu begründet oder verjüngt, so sind gegenüber Nachbargrundstücken folgende Abstände einzuhalten:

1. gegenüber dem Weinbau dienenden Grundstücken ...... 10 m
2. gegenüber in sonstiger Weise landwirtschaftlich oder gärtnerisch genutzten Grundstücken .... 5 m
3. gegenüber sonstigen Grundstücken, die nicht mit Wald bepflanzt sind, bei Neubegründung .... 6 m und bei Verjüngung .... 4 m
4. gegenüber öffentlichen Verkehrsflächen und Wirtschaftswegen ... 2 m
5. gegenüber Grundstücken, die mit Wald bepflanzt sind .... 1,5 m

(2) Absatz 1 gilt nicht gegenüber Grundstücken im Sinne von § 46 Abs. 2 Nr. 3 und 4.

(3) Der nach Absatz 1 freizuhaltende Streifen kann mit Laubgehölzen bepflanzt werden, deren natürlicher Wuchs bei einem Grenzabstand bis zu 3 m die Höhe von 6 m und bei einem Grenzabstand bis zu 1 m die Höhe von 2 m nicht überschreitet.

§ 50 Abstände von Spaliervorrichtungen und Pergolen

(1) Mit Spaliervorrichtungen und Pergolen, die eine flächenmäßige Ausdehnung der Pflanzen bezwecken, und die nicht höher als 2 m sind, ist ein Abstand von 0,50 m, und, wenn sie höher als 2 m sind, ein um das Maß der Mehrhöhe größerer Abstand von der Grenze einzuhalten.

(2) Absatz 1 gilt nicht in den in § 46 Abs. 2 genannten Fällen.

§ 51 Beseitigungsanspruch

(1) Anpflanzungen, die über die zulässige Höhe hinausgewachsen sind oder den zulässigen Abstand nicht einhalten, sind auf Verlangen des Nachbarn zu beseitigen oder auf die zulässige Höhe zurückzuschneiden. Die Verpflichtung zum Zurückschneiden braucht nur in der Zeit vom 1. Oktober bis zum 15. März erfüllt zu werden. Der Anspruch auf Beseitigung ist ausgeschlossen, wenn der Nachbar nicht innerhalb von fünf Jahren nach dem Anpflanzen Klage auf Beseitigung erhoben hat. Dies gilt nicht für Anpflanzungen an der Grenze eines Wirtschaftsweges.

(2) Werden für die in Absatz 1 genannten Anpflanzungen Ersatzpflanzungen vorgenommen, so gelten die §§ 44 bis 50 ebenfalls.

§ 52 Nachträgliche Grenzänderungen

Die Rechtmäßigkeit des Abstands einer Anpflanzung wird durch nachträgliche Grenzänderungen nicht berührt; § 51 Abs. 2 ist entsprechend anzuwenden.

Zwölfter Abschnitt
Verjährung

§ 53 Verjährung

(1) Ansprüche auf Schadensersatz nach diesem Gesetz verjähren in drei Jahren von dem Zeitpunkt an, in welchem der Verletzte von dem Schaden und der Person des Ersatzpflichtigen Kenntnis erlangt, ohne Rücksicht auf diese Kenntnis in 30 Jahren von der Vornahme der Handlung an.
(2) Andere, auf Zahlung von Geld gerichtete Ansprüche nach diesem Gesetz verjähren in vier Jahren. Die §§ 198 bis 225 des Bürgerlichen Gesetzbuches sind anzuwenden. Die Verjährung beginnt mit dem Schluss des Jahres, in welchem der Anspruch entsteht.
(3) Im übrigen unterliegen die Ansprüche nach diesem Gesetz nicht der Verjährung.

Dreizehnter Abschnitt
Schlussbestimmungen

§ 54 Übergangsbestimmungen

(1) Der Anspruch auf Beseitigung von Einrichtungen im Sinne des § 34, von Einfriedigungen und von Pflanzen, die bei Inkrafttreten dieses Gesetzes vorhanden sind und deren Grenzabstände den Bestimmungen dieses Gesetzes nicht entsprechen, ist ausgeschlossen, wenn sie dem bisherigen Recht entsprechen oder wenn der Nachbar nicht innerhalb von zwei Jahren nach Inkrafttreten dieses Gesetzes Klage auf Beseitigung erhoben hat.
(2) Ansprüche des Nachbarn aus § 37 Abs. 1 gegen Eigentümer und Nutzungsberechtigte von baulichen Anlagen, die am 1. Juli 1990 bereits errichtet waren, können frühestens zwei Jahre nach Inkrafttreten dieses Gesetzes geltend gemacht werden.
(3) Der Umfang von Rechten, die bei Inkrafttreten dieses Gesetzes aufgrund des bisherigen Rechts bestehen, richtet sich nach den Bestimmungen dieses Gesetzes.
(4) Ansprüche auf Zahlung von Geld auf Grund der Bestimmungen dieses Gesetzes bestehen nur, wenn das den Anspruch begründende Ereignis nach Inkrafttreten dieses Gesetzes eingetreten ist; andernfalls behält es bei dem bisherigen Recht sein Bewenden.

§ 55 Außerkrafttreten von Bestimmungen

Das diesem Gesetz entgegenstehende oder gleichlautende Recht wird aufgehoben.

§ 56 Inkrafttreten

Dieses Gesetz tritt am 1. 1. 1993 in Kraft.

Literaturverzeichnis

Alheit, Helmward: Nachbarrecht von A–Z, dtv Beck Rechtsberat. 5067, 11., überarb. Aufl. 06.2006

Bassenge, Peter/Olivet, Carl T.: Nachbarrecht in Schleswig-Holstein, Deutscher Gemeindeverlag, 11. Aufl. 30. 01. 2003

Bayer/Lindner/Grziwotz: Bayerisches Nachbarrecht, Beck-Verlag, 1994

Birk, Hans J.: Nachbarrecht für Baden-Württemberg, Boorberg-Verlag, 5. Aufl. 15. 09. 2004

Blessing: Umwelt vor Gericht, Deutscher Heimatbund Bonn, 1985

Breloer, Helge: Bäume, Sträucher und Hecken im Nachbarrecht, Grenzabstände in den Landesgesetzen, Haymarket Media, 6. Aufl. 01.2002

Bruns, Patrick: Nachbarrechtsgesetz Baden-Württemberg, Beck, C.H., 1. Aufl. 05. 03. 2007

Dehner: Nachbarrecht, Kommentar, 7. Auflage, Luchterhand-Verlag

Dehner/Hodes: Hessisches Nachbarrecht, 5. Auflage, 2001

Dehner, Walter: Nachbarrecht, Gesamtdarstellung des privaten und öffentlichen Nachbarrechts des Bundes und der Länder (mit Ausnahme des Landes Bayern); Bis z. Liefertag ergänzt Luchterhand in Wolters Kluwer Deutschland

Engel: Blüten und Blätter aus Nachbars Garten – rechtswidrige Immissionen, für die eine Entschädigungspflicht besteht? Natur und Recht 1982, S. 245 ff.

Von Feldmann, Peter/Groth, Klaus M./Kayser, August/Keinhorst, Gerhard: Berliner Nachbarrecht, Grundeigentum, 2. Aufl. 2002

Foag: Unkraut aus dem Nachbargrundstück, Recht der Landwirtschaft 1965, S. 85 ff.

Fruhner, Frank M/Weber, Peter: Nachbarrecht für Sachsen-Anhalt, Boorberg-Verlag, 1998

Gaisbauer: Tierlärm in der Wohnnachbarschaft, Neue Zeitschrift für Miet- und Wohnungsrecht 1999, S. 982 ff.

Glaser/Dröschel: Das Nachbarrecht in der Praxis, Verlag Neue Wirtschaftsbriefe, 1961

Grziwotz, Herbert/Saller, Roland R: Bayerisches Nachbarrecht, 1. Aufl. 04. 12. 2006, Beck-Verlag

Grziwotz, Herbert/Lüke, Wolfgang/Saller, Roland: Praxishandbuch Nachbarrecht, 1. Aufl. 26. 09. 2005, Beck-Verlag

Hinkel, Karl R: Nachbarrecht in Hessen mit außergerichtlicher Streitschlichtung, 7., veränd. Aufl. 12.2006, Kommunal- und Schul-Verlag Wiesbaden

Hodes, Fritz/Dehner, Walter: Hessisches Nachbarrecht – Kommentar, Werner-Verlag, 5. Aufl. 2001

Hoof, Rudolf: Das Nachbarrecht in Hessen, 19. Aufl. 08.2001, Boorberg-Verlag

Hoof, Rudolf/Keil, Peter: Das Nachbarrecht in Niedersachsen, 11. Aufl. 29. 11. 2005, Boorberg-Verlag

Horst, Hans R: Rechtshandbuch Nachbarrecht, 2. Aufl. 10.2006, ZAP-Verlag für die Rechts- und Anwaltspraxis

Hülbusch, Bruno/Bauer, Hans J/Schlick, Wolfgang: Nachbarrecht für Rheinland-Pfalz und das Saarland, 6., neu bearb. Aufl. 19. 07. 2005, Decker-Verlag

Hülbusch, Bruno/Schlick, Wolfgang: Nachbarrecht in Rheinland-Pfalz, 4., veränd. Aufl. 08.2004, Kommunal- und Schul-Verlag Wiesbaden

Illedits, Alexander/Illedits-Lohr, Karin: Nachbarrecht kompakt, 1. Aufl. 06.2004, LexisNexis ARD ORAC

Illedits, Alexander/Illedits-Lohr, Karin: Nachbarrecht, 1999, LexisNexis ARD ORAC

Just: Nachbarrecht in Bayern, Bayer. Verwaltungsblätter 1985, Heft 10, S. 289 ff.

Kayser, August: Brandenburgisches Nachbarrecht, 2. Aufl. 1998, Grundeigentum-Verlag

Kayser, August/Keinhorst, Gerhard: Nachbarrecht in Sachsen, 2001, Grundeigentum-Verlag

Klemp: Mehr Natur in Dorf und Stadt, Selbstverlag H. Klemp, 1984

Kreuter: Biologischer Pflanzenschutz, BLV Verlag, 2001

Kunz: Schutz, Pflege und Erhaltung des Baumbestandes, Deutsches Verwaltungsblatt 1979, S. 613 ff.

Lorz: Mein Haustier, Beck-Rechtsberater im dtv, 2. Auflage, 1992

Lorz: Katzen und Vögel, Natur und Recht 1985, S. 99 ff.

Lorz: Naturschutzrecht, Kommentar, 2. Auflage, Beck-Verlag, 2003

Lorz: Tierschutzgesetz, Kommentar, 5. Auflage, Beck-Verlag, 1999

Lorz: Haustiere – Heimtiere – Nutztiere, Natur und Recht 1989, S. 337 ff.

Mainczyk: Bundeskleingartengesetz, Kommentar, 8. Auflage, Verlagsgruppe Jehle Rehm, 2002

Müller: Nachbars Laub – Ein Überblick über die Rechtsprechung zur Entschädigung für Nadel- und Laubfall, Neue Juristische Wochenschrift 1988, S. 2587

Netz, Joachim: Berliner Nachbarrecht – leicht gemacht, Schriften z. Umweltrecht 7, 01.2006, Agricola-Verlag

Netz, Joachim: Brandburgisches Nachbarrecht – leicht gemacht, 04.2006, Agricola-Verlag

Netz, Joachim: Hessisches Nachbarrecht – leicht gemacht, 2. Aufl. 06.2005, Agricola-Verlag

Netz, Joachim: Niedersächsisches Nachbarrecht – leicht gemacht, 06.2005, Agricola-Verlag

Netz, Joachim: Nordrhein-Westfälisches Nachbarrecht – leicht gemacht, 10.2006, Agricola-Verlag

Netz, Joachim: Rhein-Pfälzisches Nachbarrecht – leicht gemacht, 04.2007, Agricola-Verlag

Netz, Joachim: Saarländisches Nachbarrecht – leicht gemacht, 08.2005, Agricola-Verlag

Netz, Joachim: Thüringer Nachbarrecht – leicht gemacht, 04.2007, Agricola-Verlag

Palandt: Kommentar zum BGB, 67. Auflage, Beck-Verlag, 2008

Pardey, Frank: Niedersächsisches Nachbarrechtsgesetz (NNachbarG), 3., veränd. Aufl. 26. 10. 2006,

Kommunal- und Schul-Verlag Wiesbaden
Schäfer: Sächsisches Nachbarrechtsgesetz, Beck-Verlag, 1998
Stadler: Das Nachbarrecht in Bayern, Boorberg-Verlag, 6. Auflage, 2000
Stadler: Die Verjährung von Ansprüchen auf Beseitigung oder Rückschnitt von Gewächsen nach bayerischem Nachbarrecht, Bayerische Verwaltungsblätter 1990, Heft 1
Staudinger: Kommentar zum Einführungsgesetz zum BGB, Sellier-de-Gruyter Verlag, 13. Auflage, 1993 ff.
Steinberg: Baumschutzsatzungen und -verordnungen, Neue Juristische Wochenschrift 1981, S. 550 ff.
Sulzberger: Kompost und Wurmhumus, BLV Verlag, 4. Auflage, 1998
Vieweg/Röthel: Der verständige Durchschnittsmensch im privaten Nachbarrecht, Neue Juristische Wochenschrift 1999, S. 969 ff.
Warnecke: Nachbarrechtsfibel für Niedersachsen, Kommunalschriften für Niedersachsen, 11. Auflage, 2001
Zundel: Regelungen zum Schutze des Baumbestandes, Recht der Landwirtschaft 1982, S. 85 ff.

Stichwortverzeichnis

Bibliografische Information Der Deutschen Bibliothek
Die Deutsche Bibliothek verzeichnet diese Publikation in der Deutschen Nationalbibliografie; detaillierte bibliografische Daten sind im Internet über http://dnb.ddb.de abrufbar.

Elfte, völlig überarbeitete und erweiterte Auflage, Neuausgabe

BLV Buchverlag GmbH & Co. KG
80797 München

Umschlag: Anja Masuch, Fürstenfeldbruck (Gestaltung und Illustration)

Zeichnungen: Hellmut Hoffmann

Lektorat: Dr. Thomas Hagen
Herstellung: Hermann Maxant

Satz: Uhl + Massopust, Aalen

Printed in Germany
ISBN 978-3-8354-0407-6

JUTTA KORZ
Gärten umgestalten
Praktische Vorschläge für alle Gartenbereiche
blv

CHRISTA KLUS-NEUFANGER
ANNETTE MAAS
Sichtschutz
für Garten, Terrasse und Balkon
blv